Antje Drössel

Das Schmuse-Trost-Buch

Die schönsten Wohlfühlrituale
für Sie und Ihr Baby

Mit Illustrationen von Kristina Möller
und Fotografien von Anna Lysikow

Kösel

Inhalt

Vorwort von Dr. med. Stephan Heinrich Nolte

Seit 20 Jahren niedergelassener Facharzt für Kinderheilkunde und Jugendmedizin, Lehrbeauftragter an der Philipps-Universität und ehemaliger leitender Oberarzt an der Universitäts-Kinderklinik Marburg

Unruhige Säuglinge, Still- und Fütterprobleme, Verdauungs- und Schlafstörungen gibt es auf der ganzen Welt. Man sollte meinen, dass nach Tausenden von Jahren, in denen Mütter Kinder bekommen, die grundsätzlichen Fragen, wie es geht, wie »man« es macht, gelöst sein müssten. Dennoch stellen sich in jeder Generation dieselben Fragen neu. Die Beobachtung, dass mit ähnlichen Problemen in den verschiedenen Kulturen ganz unterschiedlich umgegangen wird, zeigt, dass es keine Patentlösung gibt, sondern wir viele alte Erfahrungen und Praktiken in unseren immer neuen Alltag mitnehmen können. Einige davon sind in diesem Buch versammelt. Es hat mir Freude gemacht, die Anregungen von Antje Drössel kennenzulernen, dieses Vorwort dafür zu verfassen und einige Kapitel um Ratschläge zu ergänzen.

Ich liebe dich, weil du so offene Augen hast.

Ein junges Wesen muss nicht allein »versorgt« werden. Die Erfüllung der Grundbedürfnisse wie Luft zum Atmen, Speise und Trank, Schlaf und Bewegung reichen zum Leben nicht aus. Es ist vielfach gezeigt worden, dass Säuglinge sterben, wenn sie nur dies, nicht aber menschliche Zuwendung erfahren. Sie brauchen Ansprache, Berührung, Blickkontakt, Halt und Beziehung. Zuerst lassen sich Neugeborene am besten mit sicherem Anfassen, Halten und Tragen beruhigen, aber schon mit vier Wochen reagieren Säuglinge am intensivsten auf menschliche Gesichter, auf Blick- und Augenkontakt. Hierzu gibt es viele beglückende Gelegenheiten.

Das liebe- und verständnisvolle sichere Anfassen und Berühren, Sich-berühren-Lassen, Sich-anrühren-Lassen ist wesentlicher Baustein einer guten Bindung. Es kann erlernt und gelebt werden. Auch in Situationen, die nicht so harmonisch sind, wie es sie in den ersten Monaten zuhauf gibt, ist die beste Behandlung, Ruhe und Gelassenheit zu bewahren und Halt zu geben. In den Kulturen der Welt gibt es die unterschiedlichsten Ideen zu einem liebevollen Miteinander auch auf der körperlichen Ebene, die für dieses Buch fachkundig und mit viel eigener Erfahrung zusammengetragen wurden. Lassen Sie sich mit Ihrem Kind in exotische Welten entführen und erleben Sie Ihr Baby und sich körpernah. Trauen Sie sich!

Ein Schmuse-Trost-Buch für Sie und Ihr Baby

Dieses Schmuse-Trost-Buch möchte Sie und Ihr Baby im turbulenten Alltagsleben und auch bei schwierigen Wachstums- und Entwicklungsphasen unterstützen. Es will Ihnen nahebringen, sich mit Ihrem Kind gemeinsam an Kleinigkeiten zu erfreuen und Glücksmomente im Alltag zu schaffen. Es enthält eine Sammlung von Massagen, Bewegungsspielen und Yoga-Übungen aus aller Welt – zum Lachen, Trösten und Entspannen. Das Besondere dabei ist die ganzheitliche Herangehensweise nach dem Synergieprinzip. So wird eine Massage beispielsweise um ein Kinderlied erweitert oder eine Yoga-Übung mit einem lustigen Reim kombiniert. Dadurch werden die Angebote noch effektiver und sprechen den Körper ebenso wie den Geist an. Auch die Eltern werden bei den Wohlfühlprogrammen einbezogen, denn wer in sich ruht und gestärkt ist, hat auf Dauer die Kraft und die Gelassenheit, mit den täglich wechselnden Herausforderungen umzugehen.

Ich liebe dich, weil du mich zum Staunen bringst.

Die Anregungen sind unterteilt nach den Entwicklungsphasen des Babys und den damit verbundenen Bedürfnissen. Dabei wird auf vier Herausforderungen besonders eingegangen: Verdauen, Schlafen, Zahnen und Mobilwerden. Für alle vier gibt es mehrere Wohlfühlrituale, die Bewegungs- und Entspannungstechniken kombinieren und etwa fünf Minuten dauern. Die magische Zahl Fünf zieht sich durch das gesamte Buch. So stammen auch die Ideen für die einzelnen Übungen aus fünf Kontinenten – erkennbar an den Tier-Maskottchen auf der jeweiligen Startseite.

Sie können mit den Angeboten auf zwei Weisen arbeiten:

- **Sie nutzen sie als Wohlfühlritual für eine feste Verwöhnzeit.** Rituale sorgen für Sicherheit und Geborgenheit. Sie bringen Ruhe in einer turbulenten Welt mit so viel Neuem. Suchen Sie sich einen Zeitpunkt aus, der zu Ihrem Tagesablauf passt. Täglich gibt es dann eines der Rituale. Sie wählen es nach dem Alter oder einem aktuellen Bedürfnis Ihres Babys aus. Ob Sonne oder Regen, versuchen Sie, diese Zeit der echten Zweisamkeit einzuhalten, nur dann wird ein Ritual daraus.
- **Bedürfnisorientiert** als Wohlfühlritual: zum Trösten und Aufmuntern oder wenn Sie Ihr Baby einfach zwischendurch mal verwöhnen möchten. Wählen Sie dann nach Bauchgefühl ein Thema, das für Ihr Baby gerade im Vordergrund steht, und ein Programm, das zu Ihrem Tagesablauf passt.

Ich liebe dich, weil du mir die Welt zeigst.

Ich liebe dich, weil sich durch dich neue Perspektiven ergeben.

Ich liebe dich, weil du mich zum Lachen bringst.

Wie es zu diesem Buch kam

In meinen Eltern-Kind-Kursen gab es früher immer die gleiche Reaktion: Ich zeigte eine Massagetechnik, Yoga-Übung oder ein Bewegungsspiel. Alle waren begeistert. Wenn ich dann beim nächsten Kurstermin nachfragte, wer sie zu Hause mal ausprobiert hat, dann waren es leider nur wenige. Oft kamen Sätze wie: »Ich würde mein Baby am liebsten den ganzen Tag so verwöhnen und liebkosen, aber oft verläuft unser Tag irgendwie anders als geplant.« Ich fragte mich, aber vor allem die Mütter, woran das lag. Und wir fanden heraus, dass die einzelnen Übungen zwar gefielen, aber einfach nicht in den Ablauf und den Alltag passten. Und so war die Idee geboren: Mini-Wohlfühlrituale zu erschaffen, die sich am Entwicklungsstand des Babys und dessen Bedürfnissen orientieren, und nicht umgekehrt solche, auf die sich Eltern und Baby erst einstellen müssen.

Woher die Ideen aus diesem Buch stammen? Zum einen aus meinen vielen Reisen durch Afrika, Asien, Nord- und Südamerika, bei denen Stift und Notizbuch immer dabei waren. Es hat mich fasziniert, wenn ich irgendwo eine Mutter sah, die ihr Baby liebevoll massierte, es bewegte oder ein Lied sang, das ich noch nicht kannte. Wir sind ins Gespräch gekommen, ich habe mitgeschrieben und mir gedacht, dass ich daraus irgendwann mal eine Art »Best-off-Sammlung« machen möchte.

Als mein älterer Sohn geboren wurde, dachte ich im ersten Babyjahr, ich sei die Supermama. Ich hörte von schlaflosen Nächten und von Eltern, die nachts mit ihrem Nachwuchs stundenlang mit dem Auto herumfuhren, nur damit das Baby endlich schläft. Bei uns lief fast alles reibungslos. Als mein zweiter Sohn geboren wurde, war ich plötzlich eines Besseren belehrt. Nach etwa einer Woche schrie er lauthals und untröstlich, obwohl er satt und frisch gewickelt in meinen Armen lag. Manchmal stundenlang. Das ließ mich ziemlich verzweifeln, denn schließlich wünschten wir uns, dass er rundum glücklich ist. Den armen Zwerg quälten Dreimonatskoliken ebenso wie schlaflose Nächte aufgrund von Wachstumsschüben. Und mit sechs Monaten konnte er bereits mit einer Viererkette an Zähnen glänzen. Der Erfahrungsaustausch mit anderen Müttern hat mir in dieser Zeit sehr geholfen. Später fand ich Antworten in meiner Aus- und Weiterbildung und als Kursleiterin bei meinen Eltern-Kind-Kursen. An dieser Stelle möchte ich mich bei all den Müttern und vor allem bei meinen eigenen Kindern für die vielen Informationen und Ideen bedanken, ohne die dieses Buch nicht möglich geworden wäre.

Wohlfühlen im Babyalltag

Was heißt überhaupt »sich wohlfühlen«? »Wohlbefinden«? Ihr Baby ist natürlich glücklich, wenn es nah bei Ihnen sein kann und von Ihnen getragen und geschaukelt wird. Auch wichtig ist allerdings, dass es seinen eigenen Körper entdeckt, kennen und lieben lernt. Dafür gibt es einige Schlüsselkriterien:

Bei den einzelnen Wohlfühlritualen in diesem Buch wird bewusst mit der Lage des Babys abgewechselt. Lageveränderungen sind wichtig, weil sie den Gleichgewichtssinn stimulieren, Körperbewusstsein sowie Koordination fördern und bedeutsame Prozesse im Gehirn in Gang bringen. Wesentlich sind Abwechslung und die gesunde Mischung aus Ruhe und Aktivität. So sollten Sie Ihr Baby mehrmals täglich auch in Bauchlage ablegen. Kurz nach der Geburt geht das am besten auf Ihrem Schoss, weil das Köpfchen noch nicht gehalten werden kann und Sie es dabei entsprechend unterstützen können.

Wenn Sie Ihr Baby hochnehmen, ablegen oder beim Wickeln drehen, sollten das nicht immer wieder neue Bewegungen sein. Besser sind einfache Abläufe, die dem Kind gleich von Anfang an zeigen, wie es am besten geht. So wird es nicht überfordert. Am besten ist es, wenn Sie Ihr Baby immer über die Seite aufnehmen und ablegen. In Ihrem Bauch hat es sich auch spiralförmig gedreht. Legen Sie hierzu die rechte Hand auf seine Brust und die linke Hand dahinter auf den Rücken, sodass Sie zusätzlich das Köpfchen stabilisieren können. Dann neigen Sie das Kind mit dem Oberkörper zur Seite und kommen in die Drehung. Die Beine sollten als Letztes ihre Position verlassen. Die Füßchen bleiben möglichst in Kontakt mit der Unterlage. Auch das Ablegen sollte spiralförmig, über die Seite, vor sich gehen.

Sprechen Sie mit Ihrem Kind und beziehen Sie es bei der täglichen Pflege und im Alltag mit ein. Ihr Baby kennt Ihre Stimme bereits bestens aus der Zeit im Bauch. Es versteht vielleicht nicht jedes Wort, aber das kommt mit der Zeit. Ob es das An- und Ausziehen oder das Massieren ist – Gelegenheiten bieten sich genug. Es ist wichtig, dass Sie Ihrem Kind sagen, was Sie vorhaben. Von allein kann es das nicht wissen und es erschrickt vielleicht oder fühlt sich gestört, weil es gerade mit etwas anderem beschäftigt ist. Ein toller Nebeneffekt hierbei ist das Erlernen der Sprache. Das geschieht rein durch Nachahmung. Je intensiver Sie mit Ihrem Kind sprechen, desto leichter machen Sie es ihm.

Ich liebe dich, weil ich durch dich jeden Tag dazulerne.

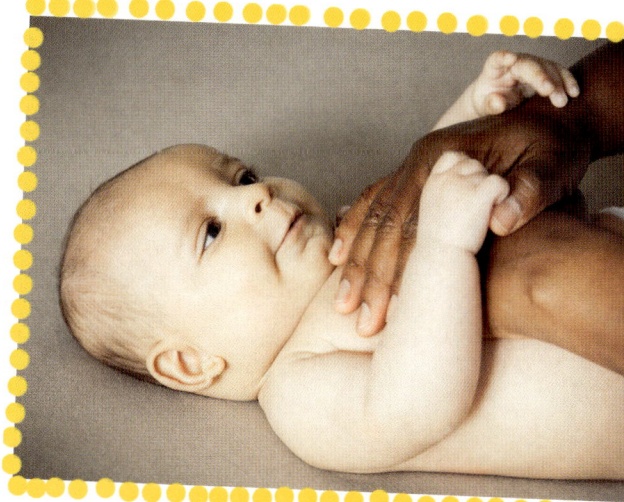

Ich liebe dich, weil deine Haut so wundervoll weich ist.

Arme und Beine ausstreichen

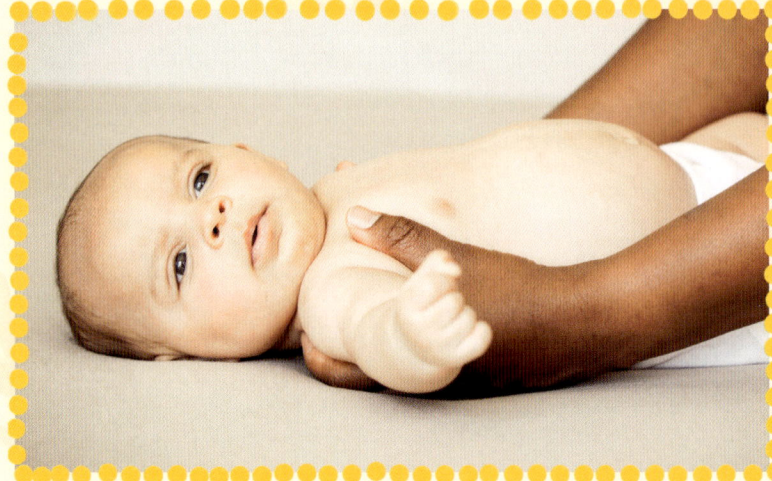

Rückenmassage

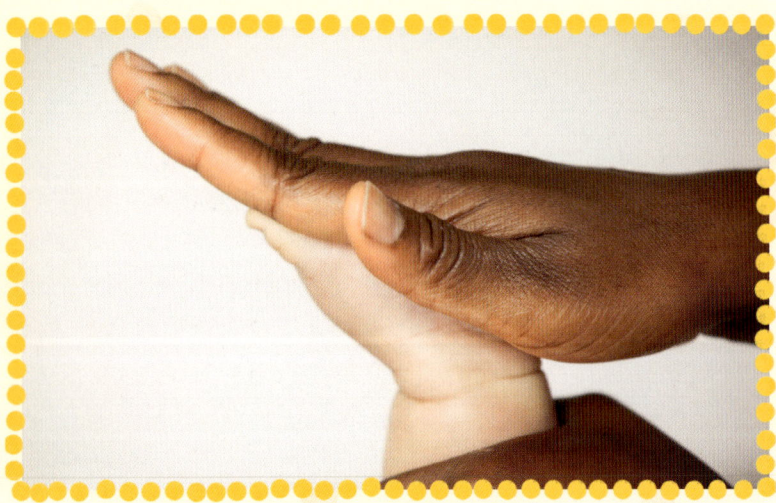

Füße massieren

Hände massieren

Sanfte Willkommensmassage

»Jedem Anfang wohnt ein Zauber inne«, schrieb Hermann Hesse. Aber nicht aller Anfang ist leicht. Für das Neugeborene bedeutet es nach neun langen Monaten eine komplette Umstellung seines bisherigen Lebens. Für besonders sensible Kinder ein sehr großer Schritt, der mit Regulationsstörungen verbunden sein kann. Aber auch für die Eltern bedeuten die ersten Stunden, Tage und Wochen mit dem Baby eine Riesenumstellung. Beim ersten Kind entsteht oft Verunsicherung angesichts der vielen neuen Herausforderungen und Fragen, mit denen man plötzlich konfrontiert ist. Bei Geschwisterkindern ist wiederum die Struktur innerhalb der Familie eine große Aufgabe, bei der es schon mal im Gebälk knirscht, bis jeder seinen Platz neu gefunden und definiert hat.

Eine sanfte Willkommensmassage, die Sie ab dem Tag der Geburt während der Wochenbettzeit durchführen können, ist eine schöne Gelegenheit, Ihr Baby zu beschnuppern, in Kontakt zu treten und Vertrauen aufzubauen. Lassen Sie sich ganz einfach von Ihrem Gefühl leiten, dann machen Sie es richtig. Berühren sollten Sie vor allem die Beine und Füße, die Arme und Hände sowie den Rücken. Denn das sind die Bereiche, die im Bauch ständig in Kontakt mit Mamas Körper waren. Bevor Sie beginnen, ist es wichtig, dass Sie Ihrem Kind sagen, was es jetzt Schönes erwartet. Sorgen Sie für eine bequeme Lage und für Wärme. Anfangen sollten Sie stets mit den »Wärmenden Händen«: Sie reiben sich die Hände warm und legen sie auf den Körper des Kindes, atmen ruhig und schwingen sich aufeinander ein.

Hier ein paar Ideen, wie es dann mit ersten Berührungen weitergehen könnte:

- Streichen Sie die Arme und Beine an den Außenseiten und den Innenseiten aus, indem Sie nach oben und unten ganz behutsam über die Haut fahren.
- Liegt das Baby auf dem Rücken, bringen Sie Ihre Hände darunter und wandern mit den Fingerspitzen ganz leicht neben der Wirbelsäule entlang. Oder Sie legen das Baby auf Ihre Beine und streichen zärtlich über den Rücken.
- Massieren Sie die Fußsohle mit streichenden Bewegungen und kleinen Kreisen. Dabei Außenkanten und Innenkanten miteinbeziehen. Danach jeden einzelnen Zeh und die Zwischenräume sanft drücken und massieren.
- Massieren Sie die Hände, Sie können sich dabei Ihren Daumen greifen lassen.
- Abschließen können Sie wieder mit den »Wärmenden Händen«.

Gut verdauen

Wohlfühlrituale ab der vierten Woche

Fliegergriff oder Ballgymnastik

Das »Bäuerchen« ist unverzichtbar

Die lästigen Dreimonatskoliken

Für ein Neugeborenes ist die Umstellung »raus aus dem Bauch, rein ins Chaos« ein großer Schritt. Der muss buchstäblich erst mal verdaut werden. Wen wundert es da, dass besonders sensible Babys damit zu kämpfen haben? Rund ein Drittel aller Kinder reagiert mit Dreimonatskoliken. *Kolik* kommt aus dem Griechischen und bedeutet »Darm leidend«. Damit gemeint sind krampfartige Schmerzen und Blähungen im Verdauungstrakt. Der Bauch wird hart, das Baby unruhig, es schreit und lässt sich kaum beruhigen. Dreimonatskoliken treten oft ab der ersten Lebenswoche auf, meistens nach dem Essen und in den Abendstunden. Wie von Zauberhand verschwinden sie vor dem Zahnen nach etwa drei bis vier Monaten.

Es gibt viele Theorien dazu, aber leider noch keine hundertprozentige Hilfe.

- **Theorie 1 – das fehlende vierte Trimester.** Dr. Harvey Karp meint, die Babys würden drei Monate zu früh geboren und seien noch unfertig für unsere Welt.
- **Theorie 2 – Regulationsstörungen.** Kommen die Bauchschmerzen von einer Ansammlung an Luft im Bauchraum? Oder kommen die Blähungen daher, dass das Baby wegen Problemen, in der Welt anzukommen, schreit und dabei zu viel Luft schnappt?
- **Theorie 3 – unreifer Darm.** Manche sagen, dass der Darm sich erst an die neuen Bedingungen und die Ernährung gewöhnen muss. Es fehlen schlichtweg Bakterien der Darmschleimhaut, um Darmgase abbauen zu können.
- **Theorie 4 – blähende Lebensmittel.** Bis heute hat sich Großmutters Theorie behauptet, dass blähende Lebensmittel bei der Ernährung der Mutter über die Milch zum Baby kommen. Dies wurde zwar wissenschaftlich widerlegt, aber viele Mütter berichten trotzdem, dass das Baby nach dem Verzehr von blähendem Gemüse, wie Kohl, Brokkoli, Bohnen, Zwiebeln oder Knoblauch enorme Schwierigkeiten hat.
- **Theorie 5 – es fehlt Melatonin.** Säuglinge in Äquatornähe leiden seltener unter Dreimonatskoliken. Der Kinderarzt Marc Weissbluth ist der Ansicht, dass ein Melatoninmangel die Ursache der Schreiattacken sei. Das Hormon ist mit für den Schlaf-Wach-Rhythmus verantwortlich. Positiv beeinflusst wird es durch die Sonne.

- **Theorie 6 – Überfüllungstheorie.** Babys von sogenannten Naturvölkern trinken öfter an der Brust und leiden weniger an Koliken. Bei uns hingegen wird manchmal ein Stillen etwa alle drei Stunden empfohlen. Bei meinen Reisen habe ich es oft beobachtet: Sobald ein Baby unruhig wird, kommt die Brust und alles ist gut. Möglich, dass diese häufigen kleinen Mengen für den menschlichen Darm einfach besser zu verarbeiten sind.

Was tun gegen die Koliken?

Vier Baby*bäuchlein*-Rituale dienen dazu, auf unterschiedlichen Wegen die Winde, die sich im Darm gesammelt haben, nach außen zu befördern, das Baby zu beruhigen und die Verdauung anzukurbeln. Außerdem helfen sie, das Baby etwas von seiner Misere abzulenken und mit Zuwendung zu verwöhnen – für einen »Ich fühl mich wohl, sicher und geborgen«-Effekt. Erwarten Sie allerdings keine Wunder. Es braucht bei sensiblen Kindern einfach Zeit, sich anzupassen und selbst Mechanismen zur Beruhigung zu entwickeln. Manchmal hilft auch nur, da zu sein und nah zu sein. Zur eigenen Beruhigung verhelfen die vier Rituale allerdings auch, weil man das Gefühl hat, etwas zu tun, und nicht tatenlos zuschauen muss, wenn das Kind leidet.

Diese Wohlfühlrituale sind auch bestens geeignet, wenn ab dem sechsten Lebensmonat der Nestschutz langsam nachlässt. Sie aktivieren den Stoffwechsel und regen das Immunsystem an. Eigentlich können Sie direkt nach der Geburt damit starten. Aber einige Techniken sind nur in Bauchlage möglich (Lageveränderung ist bei Koliken wichtig) und das fällt den ganz kleinen Mäusen vielleicht noch etwas schwer.

Was außerdem hilfreich ist:

- Das Baby viel im Fliegergriff tragen oder bäuchlings auf einen Ball legen und hin- und herbewegen.
- Auf eine Nahrungsaufnahme mit viel Ruhe und auf das obligatorische Bäuerchen achten, damit die Kleinen beim Schlucken nicht so viel Luft aufnehmen.
- Ein lockerndes Bad in warmem Wasser. Danach eingemummelt und beschützt in Mamas oder Papas Armen einschlafen oder gepuckt (siehe Schritt 2 in der Übung »Sicherer Halt«) im warmen Bett schlummern.
- Eine Wärmflaschenmassage: das Baby in Bauchlage auf eine handwarme Wärmflasche legen und ihm sanft den Rücken massieren.
- Spaziergänge an der frischen Luft tun Ihnen und dem Kind gleichermaßen gut.
- Und schlafen Sie, wenn Ihr Baby schläft, Sie brauchen Ihre Kraft für eventuelle Schreiphasen.
- Da fällt mir eine Postkarte ein, die ich in meiner Babyzeit mal geschenkt bekommen habe. Darauf steht: »Die Küche sieht aus wie Sau. Ich hab's Licht ausgemacht und jetzt geht's.«

Sicherer Halt

Als Ihr Baby noch in Ihrem Bauch war, konnte es sich wie in einem Whirlpool mit 37 Grad warmem Wasser entspannen. In ständigem Hautkontakt mit seiner Mutter fühlte es sich geborgen und beschützt. So ähnlich, als ob man als Taucher durch tropische Gewässer gleitet und dabei eine märchenhafte Unterwasserwelt bestaunt. Schwebend, schwerelos, einfach gemütlich. Mit der Geburt, schwupps, war dieser Traum erst mal vorbei. Plötzlich war die schützende Hülle weg und das kleine Baby-Seepferdchen fand sich auf einer harten Unterlage wieder. Der Kopf wird seither von der Erdanziehungskraft nach unten gezogen und es ist schwer, dagegen anzukämpfen. Es muss sich vollkommen neu orientieren. »Wo ist meine Mama?« oder »Was ist das für eine verdammte Kälte?«, fragt es sich vielleicht. Zumindest hilft ein Babymützchen aus Baumwolle, denn die Körperwärme geht zuerst über das Köpfchen weg.

Inspiriert wurde das Programm »Sicherer Halt« von Naturvölkern Afrikas und des Amazonasgebietes. Dort werden die Babys meist morgens und abends in einem überlieferten Pflegeritual verwöhnt, um ihnen den Einstieg in unsere irdische Welt zu erleichtern. Ein wichtiger Bestandteil ist dabei die Massage, um das zerknitterte Neugeborene zu glätten, zu formen und zu festigen, so sagt man. Die Kinder werden oft massiert, bis sie laufen können, das unterstützt auch die Mobilität. Es gilt, die Schulterblätter zu dehnen und den Brustkorb zu weiten, damit die Atmung freier fließen kann. Die Beine und Arme werden sanft, aber kraftvoll gestreckt und die gesamte Muskulatur gelockert. Bei meinen Reisen hat mich das fasziniert: Die Mütter sitzen nebeneinander, massieren ihr Kind mit routinierten Griffen und tauschen sich dabei aus. Ruhig, aber stetig wird gearbeitet.

Unser Wohlfühlritual hilft dem Baby, sich der Grenzen und Konturen des eigenen Körpers bewusst zu werden. Beides wichtige Voraussetzungen, um sich sicher und wohl zu fühlen. Und um Koliken zu vermeiden. Es baut auf der Berührung der Stellen auf, die während der Schwangerschaft in ständigem Kontakt mit Mama waren, also Schultern und Rücken, Beine und Füße. Für diese Massage benötigen Sie Öl.

Schritt 1: Wärmende Hände

Reiben Sie Ihre Hände warm und legen Sie sie ganz zart auf das Köpfchen Ihres Babys, umrahmen Sie es wie eine beschützende Hülle. Kommen Sie selbst zur Ruhe. Nehmen Sie Ihr Kind mit auf die Reise und erzählen Sie ihm, was Sie alles Schönes mit ihm vorhaben.

Glücks-Hufeisen in Rückenlage Ihre Daumen liegen seitlich des Nackens, Sie umfassen mit den Händen die Schultern. Nun drücken Sie mit Ihren Handballen sanft die Schultern nach unten in Richtung Unterlage, so als wollten Sie einen Teig kneten. Kurz halten, dann lösen und etwa einen halben Zentimeter weiter außen in der gleichen Weise fortfahren. Kneten Sie die Arme durch, bis Sie an den Handgelenken angekommen sind. Zum Abschluss lassen Sie sich von Ihrem Baby beide Daumen greifen. Etwa fünfmal. Dann drehen Sie es – mit Ankündigung – über die Seite in die Bauchlage (siehe Abschnitt »Wohlfühlen im Babyalltag«).

Glücks-Hufeisen in Bauchlage Die Schultern wieder mit beiden Händen umfassen, Daumen auf der Mitte der Schulterblätter. Drücken Sie die Daumen sanft nach unten Richtung Unterlage und ziehen mit den Fingern die Schultern behutsam zu Ihnen nach oben, damit sich Ihr Kind aufrichten kann. Kurz halten, lösen und etwas weiter außen fortfahren, bis Sie bei den Handgelenken angekommen sind. Fünfmal wiederholen. Eine Hand sollte während der Massage immer in Hautkontakt bleiben.

So kommen Sie selbst besser zur Ruhe
- **Bewusstes Atmen.** Zählen Sie beim Ein- und Ausatmen bewusst mit, beispielsweise vier Sekunden lang einatmen und fünf Sekunden lang ausatmen.
- **Ausatmung verlängern.** Atmen Sie fünf bis sechs Sekunden lang ein und dann neun bis zehn Sekunden lang aus. Spüren Sie, wie der Körper bei jedem Ausatmen Belastendes loslässt und bei jeder Einatmung mit neuer Energie versorgt wird.
- **Stoßweises Ausatmen.** Atmen Sie den herrlichen Duft Ihres Babys ein. Beim Ausatmen pusten Sie ihm übers Köpfchen oder die Ohren, so als wollten Sie eine Kerze auspusten. Genießen Sie den Kontakt zu Ihrem Kind.

Wärmende Hände

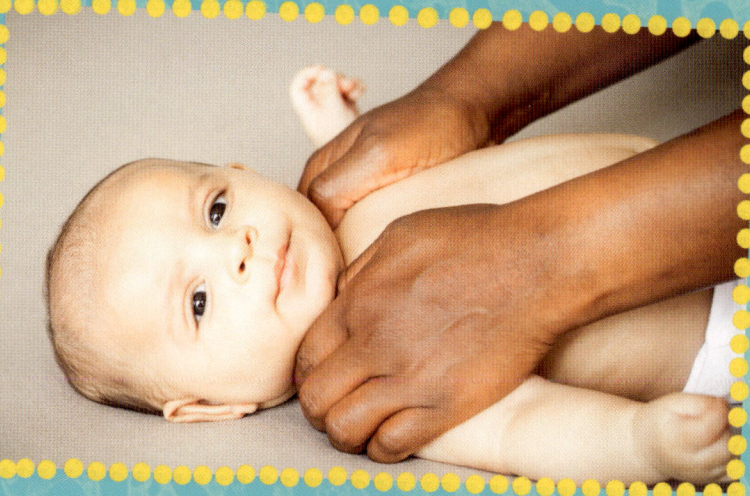

Glücks-Hufeisen in Rückenlage

Glücks-Hufeisen in Bauchlage

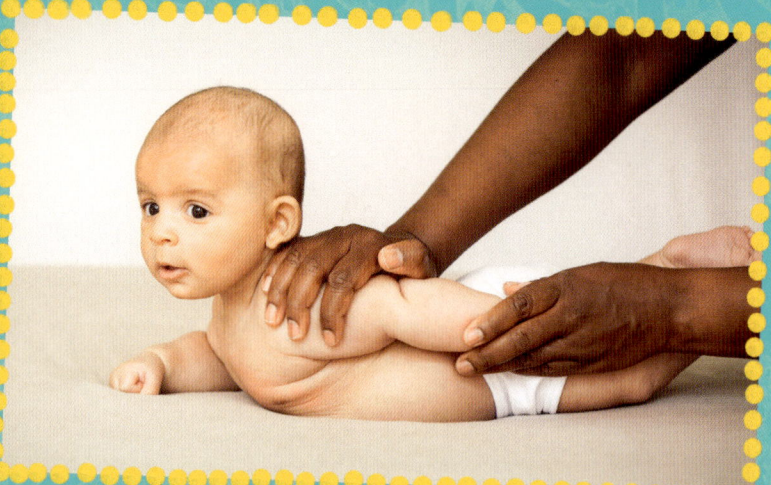

Wasserrad-Technik

Überkreuz-Technik

Massage der Körperseiten

Klatschen mit den Füßen

Schritt 2: Zentrieren und Halt geben

Diese drei Massagetechniken sollen beruhigen und dem Kind ein Gefühl von Sicherheit vermitteln. Auch das »Pucken« beruhigt das Baby, weil es nicht von seinen noch unkontrollierten Armbewegungen aufgeschreckt wird. Für die Massage ölen Sie bitte die Arme und den Rücken ein, damit Ihre Finger besser über die Haut gleiten.

Armmassage mit der Wasserrad-Technik   Massieren Sie den Arm auf der Seite, in die Ihr Kind gerade blickt. Führen Sie den Arm behutsam diagonal nach hinten, bis der Handrücken annähernd das Kreuzbein berührt. Ihre eine Hand legen Sie zum Fixieren auf die Hand Ihres Kindes. Mit der freien Hand streichen Sie den Arm unter sanftem Druck von der Schulter bis zum Handgelenk aus. Dann wechselt die andere Hand zum Ausstreichen, während die erste das Händchen fixiert. Fünfmal, dann die andere Seite.

Rückenmassage mit der Überkreuz-Technik   Sie legen beide Hände waagerecht untereinander auf den Rücken des Babys, die Fingerspitzen zeigen zu den Seiten. Jetzt gleitet eine Hand mit sanftem Druck quer über den Rücken nach rechts und die andere Hand nach links. Wieder zur Mitte zurückführen und fünfmal wiederholen. Wenn Ihrem Baby das gefällt, können Sie die Technik auch etwas höher oder tiefer am Rücken ausprobieren.

Massage der Körperseiten   Legen Sie Ihre Hände um die Schultern des Kindes. Ihre Daumen berühren die Achselhöhlen. Dann drücken Sie Handballen und Finger zusammen und verwöhnen Ihr Kind mit einer Knetmassage von den Achseln über die Seiten, die Beine bis zu den Füßen. Immer wieder andrücken, kurz halten und dann lösen. Wenn Sie bei den Füßen angekommen sind, halten Sie Ihre Daumen in der Fußmitte gedrückt. Fünfmal.

Klatschen Sie zum Abschluss die Fußsohlen Ihres Babys aufeinander und drehen Sie es dann über die Seite wieder in Rückenlage.

Pucken, so geht's:

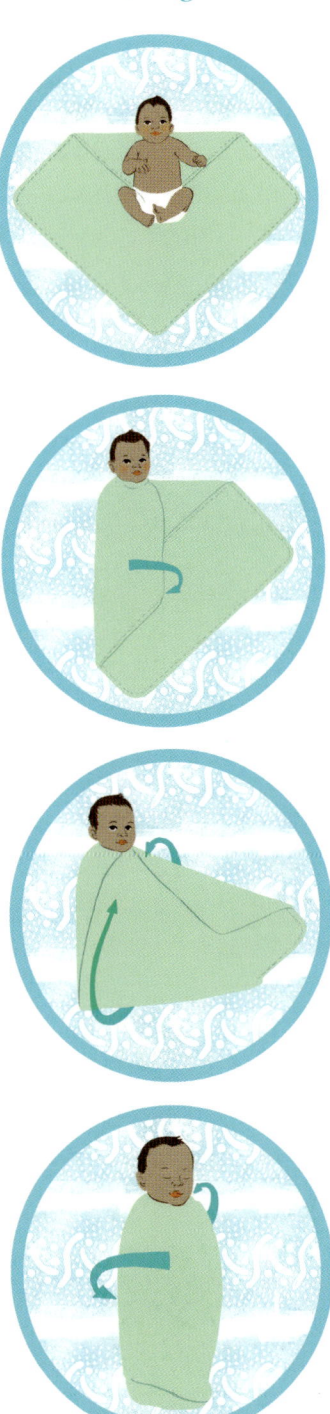

Schritt 3: Körpergrenzen wahrnehmen

Stellen Sie sich seitlich von Ihrem Baby hin und tragen Sie Massageöl auf den Oberkörper sowie Beine und Arme auf.

Diagonales Ausstreichen   Legen Sie Ihre Hände sanft auf den Oberkörper, eine Hand über dem Bauchnabel, die andere schräg darüber. Jetzt streichen Sie mit der einen Hand in einem festen Strich bis zum Fuß und gleichzeitig mit der anderen über den gegenüberliegenden Arm bis zu den Fingern. Die Hände nacheinander zum Ausgangspunkt zurückführen und erneut starten. Fünfmal. Dann stellen Sie sich auf die andere Seite Ihres Kindes und beginnen von vorn.

Pucken mit dem eigenen Körper in der Schlingtechnik   Diese Yoga-Übung ist der perfekte Abschluss, weil sie wieder »schließt«, was zuvor »geöffnet« wurde. Sie stehen wieder seitlich. Eine Hand umgreift das Handgelenk des Babys, die andere das Fußgelenk. Jetzt führen Sie mit sanftem Zug das Ärmchen waagerecht über die Brust bis auf die andere Seite und das entgegengesetzte Bein über die Hüfte zur anderen Seite. Kurz halten, leicht zur Unterlage drücken und das Baby hin- und herwiegen. Lösen. Insgesamt fünfmal zu jeder Seite.

Wer will fleißige Handwerker sehn?   Volkslied

1. Wer will flei-ßi-ge Hand-wer-ker sehn, der muss zu uns Kin-dern gehn.

Stein auf Stein, Stein auf Stein, das Häus-chen wird bald fer-tig sein.

2. Wer will fleißige Handwerker sehn,
   der muss zu uns Kindern gehn.
   Tauchet ein, tauchet ein,
   der Maler streicht die Wände fein.

3. Wer will fleißige Handwerker sehn,
   der muss zu uns Kindern gehn.
   Zisch, zisch, zisch – zisch, zisch, zisch,
   der Tischler hobelt glatt den Tisch.

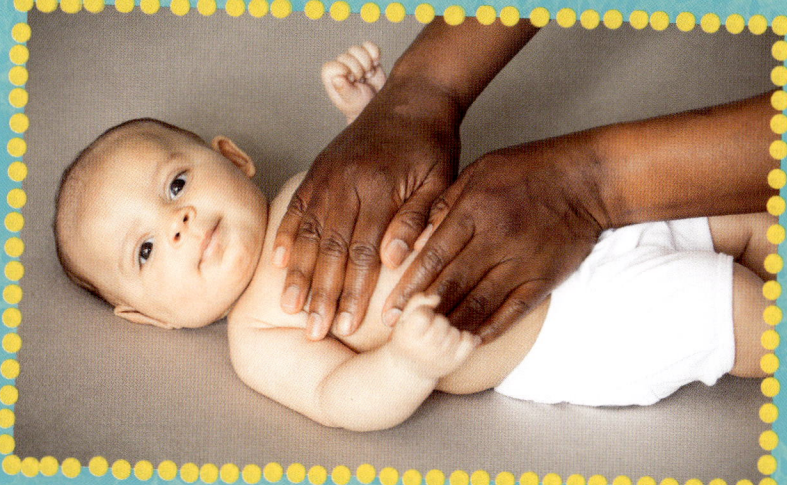

Diagonales Ausstreichen 1

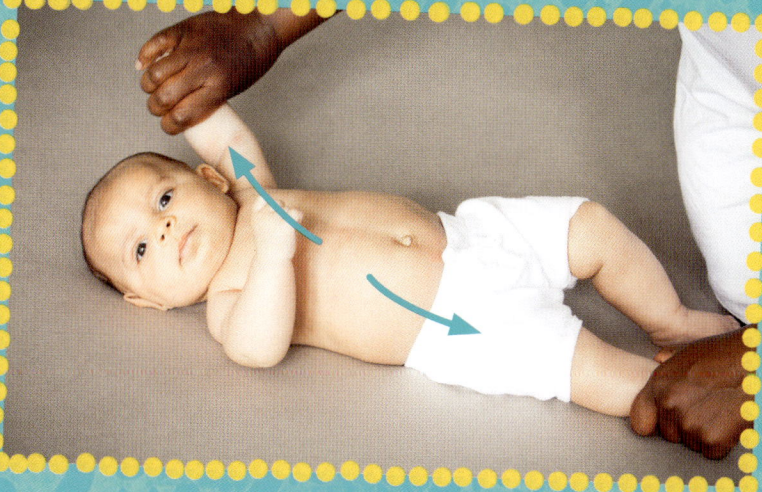

Diagonales Ausstreichen 2

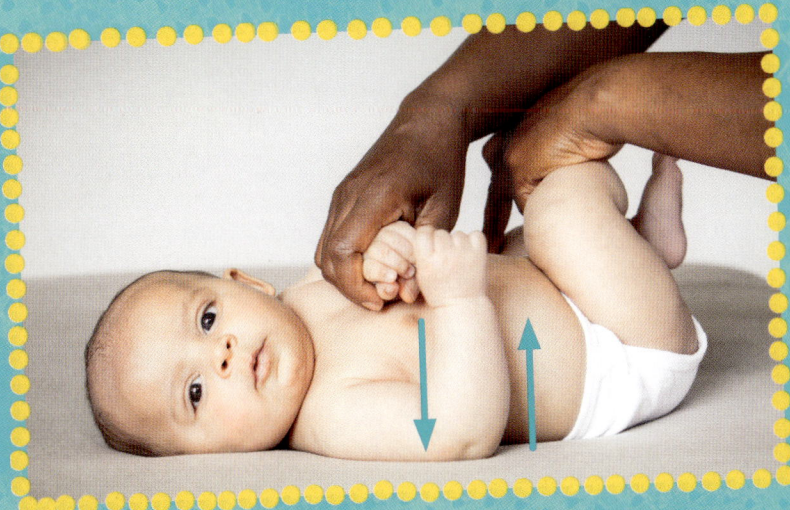

Schlingtechnik

Schmetterling

Kreuzbein-Massage

Hüfte nach außen kreisen

Hüfte nach innen kreisen

Schritt 4: Hüfte öffnen

Schmetterling Sie bringen die Fußsohlen des Babys über dem Bauchnabel zusammen. Die Knie kippen automatisch nach außen weg. Jetzt drücken Sie beide Oberschenkel sanft und möglichst dicht beieinander in Richtung Leiste. Wieder lösen. Fünfmal. Danach die Fußsohlen mit einem »Klapp-Klapp« aneinanderklatschen.

Kreuzbein-Massage Nehmen Sie die Füße in eine Hand, die Knie fallen zur Seite. Legen Sie Ihre andere Hand unter den Po auf das Kreuzbein, massieren Sie kreisend den unteren Rücken und das Kreuzbein, während Sie die Füße locker halten oder auch kreisen lassen.

Schritt 5: Hüfte schließen

Hüfte kreisen Halten Sie die Fußgelenke und führen Sie beide Knie mit etwas mehr Druck zum Bauch. Öffnen Sie die Beine, indem Sie beide Knie kreisförmig nach außen bewegen. Zeichnen Sie mit den Beinen fünf große Kreise. Als Ausgleich kreisen Sie die Beine fünfmal in die andere Richtung, also nach innen. Bringen Sie beim Runtergehen die Beine parallel zusammen und drehen Sie die Knie etwas nach innen.

Zum Abschluss heben Sie die Beine mit einer Hand an und lassen sie in Ihre andere Hand plumpsen. Fünfmal. Finale: Ihre wärmenden Hände auf die Fußsohlen legen.

Tipp vom Kinderarzt
Das Hüftgelenk ist ein Kugelgelenk, der Hüftgelenkskopf liegt in einer Pfanne, die die Stabilität dieses wichtigen Gelenks sichert. Bei der Geburt sind Hüftkopf und viele Strukturen der Hüfte erst knorpelig angelegt, sie verknöchern mit der Zeit. Damit sich die Pfanne gut entwickeln kann, ist eine Hüftöffnung wichtig. Sie fixiert den Hüftkopf in der Pfanne. Eine »Froschhaltung«, wie sie heute durch die breiten Windeln vorgegeben wird, ist für die Hüfte gut. Ob der Hüftkopf richtig zentriert ist, wird heute bei allen Säuglingen mit vier Wochen per Ultraschall überprüft.

Hoch & runter hält munter!

Im Hotel »Zu Mamas Bauch« gab es reichlich zu essen und zu trinken, ganz ohne Anstrengung. Jetzt muss sich das kleine Wesen alles hart erarbeiten. Die Milch gibt es aus Mamas Brust oder dem Fläschchen, aber bis sie geliefert wird, muss man erst auf sich aufmerksam machen. Dann gilt es, Tropfen für Tropfen herauszusaugen. Der Körper muss sich daran gewöhnen, diese neue Form der Nahrung zu verarbeiten. Für diese ganzen Strapazen gilt es fit zu sein. Dabei können Sie Ihr Baby mit Berührungen, Massage und Zuwendung unterstützen. Sie regen Stoffwechsel und Kreislauf an und sorgen ganz nebenbei für die Bildung von Glückshormonen.

In Kulturen mit extremen Witterungsbedingungen gibt es viele Bräuche, um die Kleinen auf das Leben vorzubereiten. Beispielsweise habe ich in Namibia erfahren, dass die im Norden lebenden Himba die Haut mit einer speziellen Erdmischung einreiben, um sie vor der Sonne und Stechmücken zu schützen. Ganz nebenbei sieht es superschön aus: Die Haut glänzt orangefarben. Und das Baby wird mit der Bemalung im Familienbund aufgenommen. Bei den Aborigines hält man traditionell das Neugeborene sanft kopfüber in den duftenden Rauch eines offenen Feuers und reibt es anschließend mit Asche ein, sodass die Haut desinfiziert wird und nachdunkelt. In Skandinavien verbringen die meisten Babys ihren Mittagsschlaf unabhängig vom Wetter draußen an der frischen Luft. Bei unseren Großeltern war es noch gang und gäbe, Babys und Kinder nach dem Bad mit einem Frotteehandtuch kräftig abzurubbeln, bis die Haut leicht gerötet war. Das gab Durchblutung und Stoffwechsel einen Kick. Von diesen Ideen inspiriert entstand das »Hoch und runter«-Ritual, das Kinder auch auf die kalte Jahreszeit vorbereitet und nach sechs Monaten, wenn der Nestschutz zurückgeht, das Immunsystem in Schwung bringt.

Das ist schlau: Das Ritual »Hoch und runter« bringt Kreislauf und Stoffwechsel in Schwung und macht obendrein Spaß. Es kombiniert lockernde, durchblutungsfördernde Massagetechniken, die die Verdauung ankurbeln, mit anregenden Bewegungsimpulsen und Gymnastikübungen. So wird der Körper von innen erwärmt und nach außen gestärkt. Ergänzend sollten Sie Ihrem Baby und sich selbst viel Bewegung an der frischen Luft gönnen. Das härtet ab, macht munter und liefert die Basis für viele Prozesse, zum Beispiel für die Vitamin-D-Bildung.

Wärmende Hände

Schubkarren – Spannung aufbauen

Schubkarren – Spannung lösen

Radeln

Wasserrad

Schritt 1: Wärmende Hände

Umfassen Sie die Waden Ihres Babys, legen Sie Daumen und Zeigefinger seitlich etwa einen Fingerbreit unter der Kniescheibe ab. Diese Akupressurpunkte sprechen Stoffwechsel und Verdauung an. Halten Sie die Punkte leicht gedrückt, gehen Sie mit dem Strampeln der Beinchen mit. Nehmen Sie mindestens fünf tiefe Atemzüge.

Schubkarren – Spannung aufbauen und lösen Führen Sie die hüftbreit geöffneten Beine mit angewinkelten Knien nach oben bis zur Brust. Drücken Sie die Oberschenkel dann zu beiden Seiten des Bauches fest an, fünf Sekunden halten. Dann lösen und die Beine wieder strecken. Fünfmal. Durch dieses Wechselspiel können Winde besser abgehen und die Verdauung kommt in Schwung.

Schritt 2: Radeln & Wasserrad

Radeln Bringen Sie abwechselnd zuerst das linke, dann das rechte angewinkelte Knie zum Bauch. Wieder fest andrücken und lösen. Wenn das eine Bein fast unten ist, startet das andere. Lassen Sie einen Fluss entstehen, ähnlich wie beim Fahrradfahren. In meinen Kursen habe ich festgestellt, dass die Mütter oft recht zaghaft sind und die Babys lieber eine dynamische Variante bevorzugen. Probieren Sie's aus.

Wasserrad Tragen Sie Massageöl auf den Bauch des Babys auf. Dann legen Sie die Innenkante Ihres Armes unterhalb des Rippenbogens. Gleiten Sie mit sanftem Druck bis zu den Leisten nach unten, sodass sich der Bauch merklich nach innen bewegt, und drehen Sie dabei Ihren Arm von der Innenkante zur Außenkante. Mit jedem Arm fünfmal. Weniger intensiv ist es, wenn Sie nur die Außenkante Ihrer Hand nehmen.

Ein kleiner Vers dazu
Zu dieser Übung passt wunderbar das bekannte Gedicht von Janosch: »Die Maus hat rote Strümpfe an« aus dem gleichnamigen Buch.

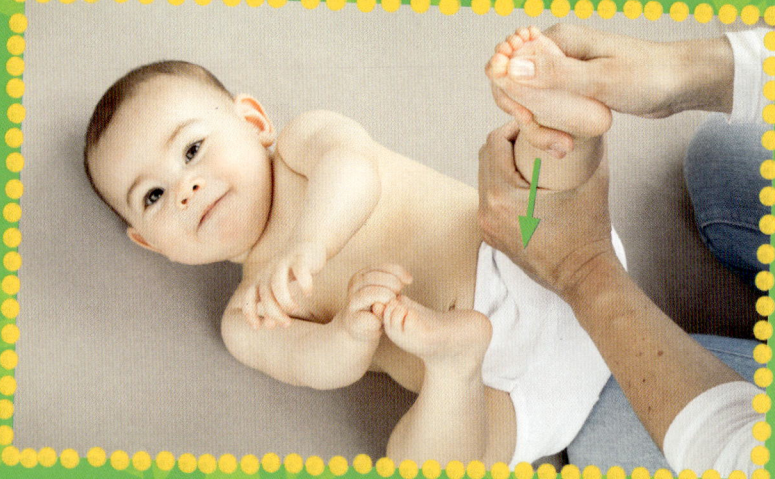

Ringstrich

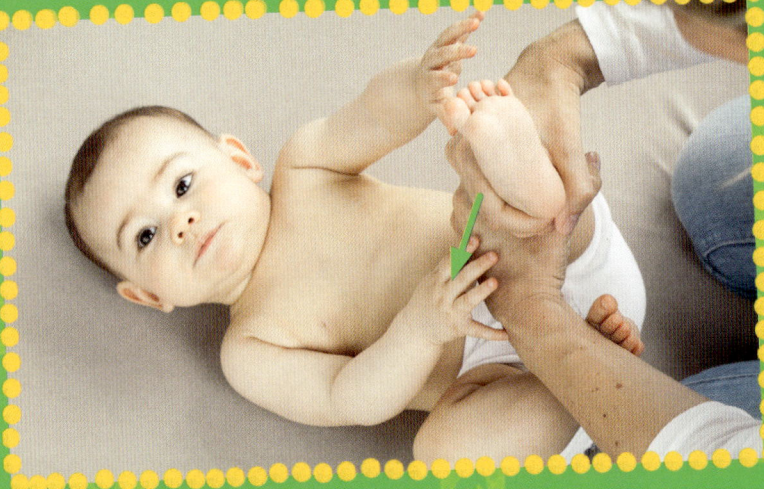

Wringbewegung

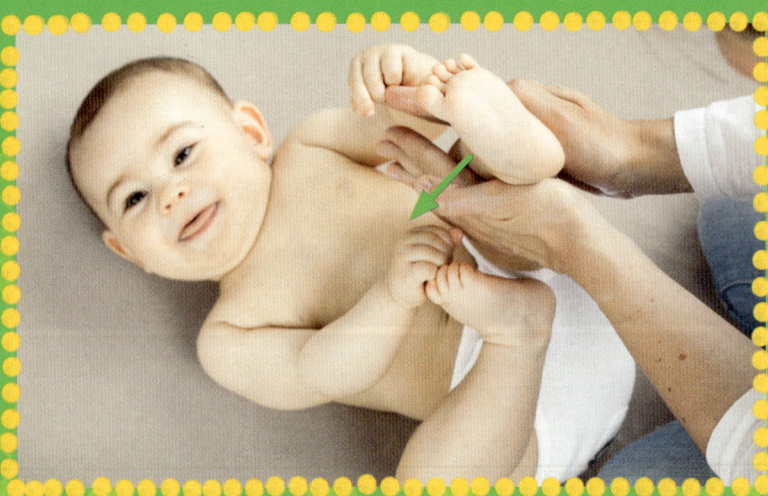

Ausrollen

Arme massieren

Schritt 3: Beinmassage

Anregender Ringstrich in Herzrichtung Nutzen Sie Massageöl, damit es gut »flutscht«. Halten Sie den linken Fuß des Babys mit Ihrer rechten Hand und legen Sie den Daumen auf die Fußsohle. Mit der linken Hand (oder nur zwei, drei Fingern) umschließen Sie das Fußgelenk wie ein fester Ring. Lassen Sie diesen Ring nach oben gleiten bis zu den Leisten. Kurz vor Ende der Bewegung startet die rechte Hand in derselben Massagetechnik, während die linke Hand den Fuß umgreift. So geht es abwechselnd immer weiter. Lassen Sie einen Fluss entstehen, mindestens fünf Striche mit jeder Hand.

Anregende Wringbewegung in Herzrichtung Wieder ist das Öl sehr wichtig. Umschließen Sie den Fuß des Kindes nun, indem Sie beide Hände nah aneinanderlegen (bei den ganz Kleinen reichen zwei, drei Finger). Drehen Sie beide Hände etwa fünfmal sanft gegeneinander, so als wollten Sie ein nasses Handtuch auswringen. Etwas höher wiederholen, insgesamt fünfmal.

Dynamisches Ausrollen nach oben in Herzrichtung Legen Sie das Fußgelenk des Babys zwischen Ihre Hände und strecken Sie Ihre Finger aus. Rollen Sie jetzt das Bein zwischen Ihren Händen nach oben, wie eine Teignudel beim Brezelbacken. Dann alle drei Techniken am anderen Bein durchführen.

Schritt 4: Armmassage

Drehen Sie Ihr Baby in Seitenlage. Lassen Sie sich den Daumen Ihrer Hand greifen und führen Sie Ringstrich, Wringbewegung und Ausrollen an den Armen, ebenfalls in Herzrichtung, durch. Sie massieren immer den oberen Arm. Zum Abschluss streichen Sie sanft den ganzen Körper von den Schultern über die Arme bis zu den Füßen aus und sagen Ihrem Baby »Dankeschön«.

Tipp vom Kinderarzt
Bis zur Geburt wird das Kind über die Plazenta mit Nährstoffen versorgt. Es schluckt zwar schon Fruchtwasser, aber der Magen-Darm-Trakt ist noch nicht in Funktion. So verwundert es nicht, dass der Start dieses Systems mit erheblichen Anstrengungen verbunden ist. Das kann schon mit schlimmem Bauchgrimmen einhergehen. Wichtig ist, ruhig zu bleiben und das Kind bei dieser großen Aufgabe zu unterstützen. Am besten ist, wenn sich immer nur einer zur gleichen Zeit mit dem schreienden Kind beschäftigt, sonst bekommt es zu viele Botschaften auf einmal. Und: Der Säugling lebt von der Sicherheit seiner Bezugspersonen – seien Sie selbstbewusst und lassen Sie sich nicht verunsichern.

Schritt 5: Gemeinsames Workout

Gäbe es eine Arbeitsbeschreibung für Mütter, käme ganz vorn »Schleppen« vor. Da denkt man anfangs: »Pah! Drei bis fünf Kilo sind ja nicht schwer.« Aber man glaubt gar nicht, wie schwer sie sein können! Hier sind drei Übungen, die Sie zusammen mit Ihrem Baby machen können und deren Effizienz durch das Gewicht Ihres Wonneproppens erhöht wird. Außerdem sind sie hervorragend für Ihr Baby, weil eine Kombination aus Aufwärts- und Abwärtsbewegung sehr gut für Körperbalance, Durchblutung und Stoffwechsel ist. So beenden viele Naturvölker das tägliche Wasch- und Massageritual damit, dass sie das Baby mit beiden Händen hochheben, vorsichtig in die Luft werfen und lachend wieder auffangen. Dann wird gestillt.

Beckenbodengymnastik durch »Reverse Breath« Sie legen sich bequem auf den Rücken (Kopf und Kniekehlen mit Kissen unterpolstern), das Baby in Bauchlage auf Ihnen. Sie halten es seitlich mit Ihren Händen. Jetzt ziehen Sie mit aller Kraft den Beckenboden nach oben und atmen dabei ein. Halten Sie die Spannung während der Ausatmung, ziehen Sie bei der Einatmung noch mal höher und bei der Ausatmung lockern Sie das Ganze wieder. Fünfmal.

Schulterbrücke mit Baby Stellen Sie nun Ihre Beine hüftbreit entfernt voneinander auf, die Füße flach auf dem Boden. Ihr Baby liegt gemütlich auf Ihren Oberschenkeln und wird seitlich gehalten. Mit der nächsten Ausatmung spannen Sie den Bauch an, rollen das Becken ein und heben Po und Rücken langsam an, bis Oberkörper und Oberschenkel eine Linie bilden. Fünf Atemzüge halten. Anschließend Wirbel für Wirbel, zuerst den Rücken, dann den Po absenken. Fünfmal.

Babylift Ihre Beine bleiben aufgestellt. Legen Sie Ihr Baby in Bauchlage auf Ihren Bauch und halten Sie es sicher an den Seiten. Bei der nächsten Ausatmung heben Sie Ihr Kind mit einem »Huiiiii – bist du groß und stark« nach oben, als würde es mit einem Aufzug in die erste Etage fahren. Dabei ziehen Sie Ihren Beckenboden nach oben. Bei der Einatmung das Baby wieder senken und den Beckenboden lösen. Fünfmal. Zum Abschluss wiegen Sie sich zusammen mit Ihrem Baby leicht hin und her und gönnen Ihrem Rücken eine schöne Eigenmassage. Ihre Knie bewegen sich dabei wie Scheibenwischer.

Schulterbrücke

Babylift

Fitnesszeit für mich: Bauch und Beckenboden

Bauchübungen gehören nicht zu meinen Lieblingsbeschäftigungen. Aber in Gesellschaft sind sie ganz gut zu ertragen. Wenn man gemeinsam schwitzt und sich nicht die Blöße geben möchte, als Erste aufzuhören. Oder wenn man ein süßes Baby auf den Beinen hat, dass sich kräftig amüsiert, wenn Mama kämpft. Hier ein Kurzprogramm für Bauch- und Beckenbodenmuskulatur. Sie können damit loslegen, sobald die Bauchmuskulatur nach der Geburt geschlossen ist. Am besten Sie sprechen mit der Hebamme. Starten Sie langsam. Dann aber dranbleiben!

Parkplatz-Einweiser Setzen Sie sich auf eine Matte oder den Teppichboden. Legen Sie Ihr Baby auf Ihren Oberschenkeln ab und halten Sie es seitlich. Gehen Sie mit dem Oberkörper so weit nach hinten, wie Sie die Spannung im Bauch halten können, ohne die Schultern hochzuziehen. Mit der Ausatmung führen Sie einen Arm nach außen und folgen Ihrer Hand mit dem Blick. Die andere Hand bleibt seitlich am Kind. Bei der Einatmung den Arm wieder zur Mitte führen. Dann beziehen Sie den Beckenboden mit ein. Arm zur Seite – Beckenboden anspannen. Arm zur Mitte – Beckenboden lockern. Ziel: fünf Wiederholungen mit jedem Arm.

Babys Ballonfahrt Legen Sie Ihr Baby bäuchlings auf Ihren Schienbeinen ab und halten Sie es sicher am Brustkorb. Bei den ganz Kleinen werden Kopf und Nacken durch das Schienbein gestützt. Bei den Größeren kann der Kopf frei liegen. Der Winkel zwischen Ihrem Bauch und den Oberschenkeln sollte etwas kleiner als 90 Grad sein. Bei der nächsten Ausatmung lassen Sie Ihr Baby langsam nach oben schweben, indem Sie Ihre Unterschenkel bewegen. Spannen Sie Beckenboden und Bauch an. Wenn Ihre Schienbeine waagerecht stehen, hat Ihr Baby das Flugziel erreicht und wird mit der Einatmung wieder nach unten gesenkt. Dabei Beckenboden lockern. Kinn nicht auf die Brust pressen, sondern locker halten. Fünfmal.

Rücken-Drücken Ihre Beine bleiben aufgestellt. Ihr Baby legen Sie in Bauchlage auf Ihren Bauch und halten es an den Seiten sicher fest. Mit der nächsten Ausatmung spannen Sie den Bauch an, indem Sie das Becken kippen und dabei den gesamten Rücken, so fest Sie können, in die Unterlage pressen. Etwa zwei bis drei Atemzüge halten. Einatmend lösen und das Becken aufrichten. Fünfmal.

Stärkender Popeye-Smoothie für Eltern
Mit viel Eisen (für drei bis vier Portionen; einfach ab in den Kühlschrank): 3 Handvoll frischen Spinat und dazu 2 Tassen Wasser in den Mixer geben und saftartig pürieren. 1 geschälte Banane, 2 entkernte Äpfel, 2 Tassen tiefgefrorene Erdbeeren, 1 Handvoll kernlose Weintrauben oder 1 Mango in Stücken, 2 EL gemahlener Leinsamen dazugeben und nochmal gut durchmixen, bis der Smoothie cremig ist.

Parkplatz-Einweiser

Babys Ballonfahrt

Rundherum & hoch hinauf

Wir befinden uns in einem meiner Mama-Baby-Kurse. Die Stimmung ist unbeschwert. Die Mütter haben ihre Babys auf den Armen. Wir tanzen durch den Raum zu Liedern von den Toten Hosen, wiegen und schaukeln die Kinder wie im Bauch zu klassischer Musik oder schleichen wie »Paulchen Panther«. Manchmal stehen wir im Kreis und lassen die Babys zu Liedern wie »Über den Wolken« von Dieter Thomas Kuhn oder dem »Fliegerlied« von Extrabreit in die Mitte schweben, wo sie sich anschauen können. Oft spiele ich Stopplieder, bei denen die Mama-Baby-Paare tanzen und in der Bewegung einfrieren, sobald die Musik endet. Ich finde es immer wieder faszinierend, die Reaktionen der kleinen Babys anzuschauen. Manche wippen erst fröhlich mit den Beinen und sobald die Musik stoppt, bleiben die Beinchen still. Manche sind fröhlich am Lachen und das kleine Gesichtchen erstarrt völlig, wenn die Musik aufhört zu spielen. Selbst bei Neugeborenen sind Reaktionen zu sehen.

Tanzen beruhigt. Es hilft, Stress abzubauen und Energie zu tanken. Tanzen vermittelt ein gutes Bauchgefühl und spricht das Sonnengeflecht an. Wissenschaftlich gesehen ist dieser Solarplexus oberhalb des Bauchnabels ein Geflecht aus Nerven. Viele Kulturkreise beschäftigen sich mit diesem Bereich, der für Selbstbewusstsein, Stärke und innere Kraft steht. Tanzen ist also so etwas wie ein mentales Ganzkörpertraining. Und es hilft auch gegen Koliken.

Also: Legen Sie Ihre persönliche Lieblingsmusik auf und rocken Sie mit Ihrem Baby durch die Wohnung. Zwei, drei Lieder mit Ihrem Kind im Fliegergriff oder eng angeschmiegt an Mama oder Papa. Sie werden sehen, wie gut das tut! Wenn Sie jeden Tag ein bis zwei Lieblingslieder mit Ihrem Kind tanzen, geben Sie ihm etwas, was es sein ganzes Leben lang wie einen Schatz mit sich tragen kann.

»Rundherum und hoch hinauf« soll Ihnen und Ihrem Baby genau wie beim Tanzen ein gutes Bauchgefühl vermitteln und das Eltern-Baby-Team wachsen lassen wie den Hals einer Giraffe. Alles, was rund ist, wird hier miteinander kombiniert: Massagetechniken im Uhrzeigersinn, die die Verdauung anregen, Gymnastikübungen, die nicht nur Winde nach draußen befördern, sondern einfach rundherum guttun.

Wärmende Hände auf der Brust

Wärmende Hände auf dem Bauch

Uhrzeigermassage

Schritt 1: Wärmende Hände

Verteilen Sie großzügig Massageöl auf Bauch und Oberkörper Ihres Babys. Für ein besonderes Verwöhnerlebnis wärmen Sie es vorher im Fläschchenwärmer an. Reiben Sie Ihre Hände warm. Dann legen Sie sie zuerst übereinander auf die Brust, die rechte Hand unten. Kommen Sie zur Ruhe. Atmen Sie fünfmal tief ein und aus. Genießen Sie den Kontakt zu Ihrem Kind.

Gleiten Sie jetzt mit Ihren Händen langsam und mit sanftem Druck nach unten bis zum Bauchnabel. Halten Sie auch hier für fünf tiefe Atemzüge lang. Spüren Sie den Atem Ihres Kindes unter Ihren Händen? Versuchen Sie, seinen Atembewegungen mit Ihren Händen zu folgen. Sagen Sie Ihrem Kind auch, was Sie vorhaben.

Schritt 2: Uhrzeigermassage

Stellen Sie sich vor, dass auf dem Bauch Ihres Babys das Ziffernblatt einer Uhr aufgemalt ist. Lösen Sie die linke Hand und legen Sie sie an die Seite des Babys. Die rechte Hand bleibt auf seinem Bauch. Starten Sie bei 9 Uhr und kreisen Sie mit Zeigefinger, Mittelfinger und Ringfinger der rechten Hand in einem ganz kleinen Radius im Uhrzeigersinn. Zählen Sie dabei bis fünf. Dann wechseln Sie auf 11 Uhr und verfahren in der gleichen Weise. Dasselbe bei 1 Uhr, 3 Uhr und 5 Uhr. Zum Abschluss lassen Sie Ihre rechte Hand fünfmal im Uhrzeigersinn um den Bauchnabel kreisen, dabei sollten Sie unterhalb des Rippenbogens bleiben.

Schritt 3: Hüfte kreisen

Umfassen Sie die Füße Ihres Babys und stabilisieren Sie mit den Fingern die Knie, sodass sie parallel liegen. Dann zeichnen Sie im Uhrzeigersinn einen Kreis mit den Knien. Lassen Sie ihn immer größer werden, bis die Knie fast die Brust berühren.

Schritt 4: Bogenintegration

Zählen Sie laut bis fünf und lassen Sie die Beine dann gleichzeitig los, sodass sie in Ihren Schoß fallen. Geben Sie Massageöl auf die Beine und legen Sie dann Ihre linke Hand unter die Knie, sodass die Beine parallel liegen. Dann umfassen Sie die Fußgelenke mit der linken Hand. Mit der rechten Hand streichen Sie fest vom Knöchel des rechten Beines über die Hüfte zum Brustkorb. Dann drehen Sie die Finger etwas nach außen und massieren über einen großen Bogen zurück über die Hüfte das linke Bein bis zum Knöchel. Fünfmal wiederholen. Eine wunderschöne Massage, die ich in Südafrika kennengelernt habe. Sie lockert Bein- und Bauchmuskulatur.

Zu den Schritten 3 und 4 passt perfekt das Lied »Summ, summ, summ«.

2. Summ, summ, summ! Bienchen, summ herum!
   Such in Blumen, such in Blümchen,
   dir ein Tröpfchen, dir ein Krümchen.
   Summ, summ, summ! Bienchen, summ herum.

3. Summ, summ, summ! Bienchen, summ herum!
   Kehre heim mit reicher Habe,
   bau uns manche volle Wabe.
   Summ, summ, summ! Bienchen, summ herum.

Hüfte kreisen

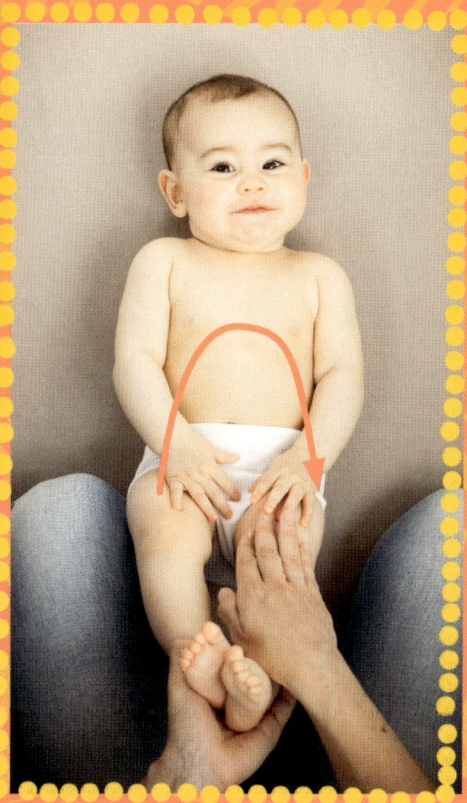

Bogenintegration

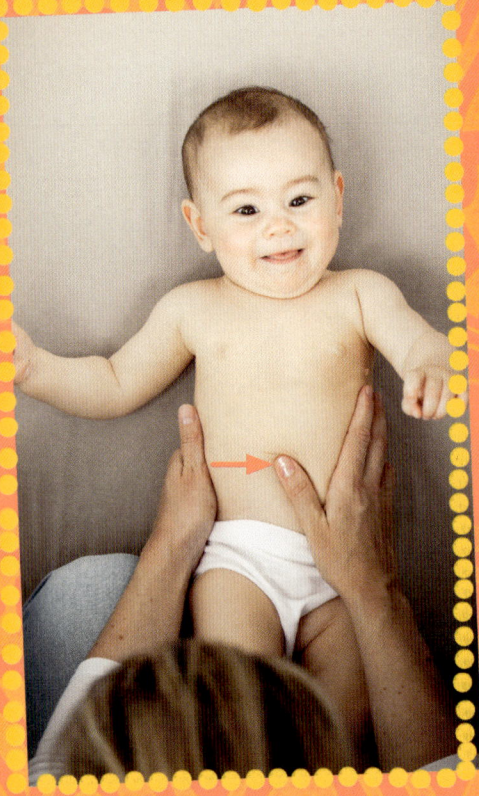

Sonnenstrahlen 1

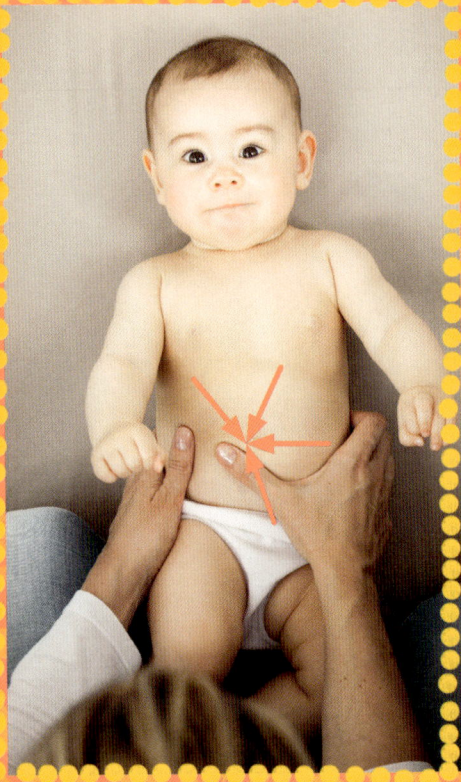

Sonnenstrahlen 2

Schnecke

Schritt 5: Sonnenschnecke

Sonnenstrahlen   Verteilen Sie großzügig Massageöl auf dem gesamten Oberkörper Ihres Babys. Wenn Sie es vorher im Flaschenwärmer handwarm erwärmen und langsam zum Verteilen in den Bauchnabel Ihres Kindes gießen, fühlt sich das besonders wohlig an.

Dann legen Sie Ihre linke Hand zur Stabilisation an die Seite des Babys. Den Daumen der rechten Hand legen Sie auf 9 Uhr auf den Bauch. Dann streichen Sie unter sanftem Druck von der Seite wie ein Sonnenstrahl bis zum Bauchnabel und ohne Druck wieder zurück. Fünfmal. Anschließend zeichnen Sie weitere Strahlen bei 11 Uhr, dann bei 1 Uhr, 3 Uhr und 5 Uhr.

Schnecke   Nun legen Sie den Daumen direkt neben den Bauchnabel und beginnen, damit ein Schneckenhaus zu malen, das spiralförmig immer größer wird und sich um den Bauchnabel schlängelt. Wichtig ist, dass Sie dabei im Uhrzeigersinn arbeiten und nur bis unter die Rippen gehen. Am Ende lassen Sie die Schnecke mit einem Ausstrich bei 6 Uhr ausklingen. Wiederholen Sie das fünfmal und wenn Ihr Baby Lust hat, starten Sie mit den Sonnenstrahlen von Neuem.

Fitnesszeit für mich: Schulter, Brust und Rücken

Das lange Tragen im Fliegergriff ist anstrengend. Als Ausgleich habe ich mir damals einen großen Gymnastikball angeschafft. Sie können das Baby drauflegen und ihm spielerisch Bauch und Rücken massieren und nebenbei seine Körperkoordination schulen. Aber auch für Sie selbst gibt es damit viele schöne Übungen, wie diese hier.

Baby-Bauchmassage und Wadenpumpe   Legen Sie Ihr Baby bäuchlings auf den Ball, halten Sie es seitlich im Schalengriff und bewegen Sie es vor und zurück, nach links und nach rechts – eine entspannende Massage für Babys' Bauch und Rücken gleichermaßen. Stellen Sie nun ein Bein nach hinten und beugen Sie das andere in einem rechten Winkel, das Knie ist genau über dem Fuß. Drücken Sie die Ferse des gestreckten Beines nach unten. Halten, wieder lösen. Mindestens fünfmal. Anschließend mit dem anderen Bein. Mit dieser Technik pumpen Sie neue Energie über Ihre Waden in den Körper.

Rückenübung: Beugen & Strecken   Setzen Sie sich mit Ihrem Baby auf den Gymnastikball, Füße hüftbreit aufgestellt. Bei der nächsten Ausatmung kippen Sie Ihr Becken und den Ball etwas nach vorn und machen einen runden Rücken – der Bauchnabel zieht zur Wirbelsäule. Beim Einatmen Becken, Rücken und Schultern wieder aufrichten. Den Ball nach hinten zurückrollen. Fünfmal. Dann bewegen Sie die Hüfte locker nach rechts und links. Ebenfalls fünfmal.

Brett auf dem Ball   Legen Sie Ihr Baby auf einer Decke ab. Sie selbst legen sich mit dem Oberkörper auf den Ball. Blick nach unten zum Boden. Ihre Knie sollten leicht gebeugt sein und die Beine nicht ganz gestreckt, damit Sie nicht ins Hohlkreuz fallen und die Stabilisation über die Körpermitte erfolgen kann. Sie stehen auf den Fußspitzen. Der Rücken ist gerade, der Kopf in Verlängerung der Wirbelsäule. Der gesamte Körper ist gespannt wie ein Flitzebogen. Strecken Sie nun Ihren linken Arm nach vorn und gleichzeitig den rechten nach hinten. Dann wechseln. Lassen Sie aus diesen Bewegungen einen harmonischen Fluss werden.

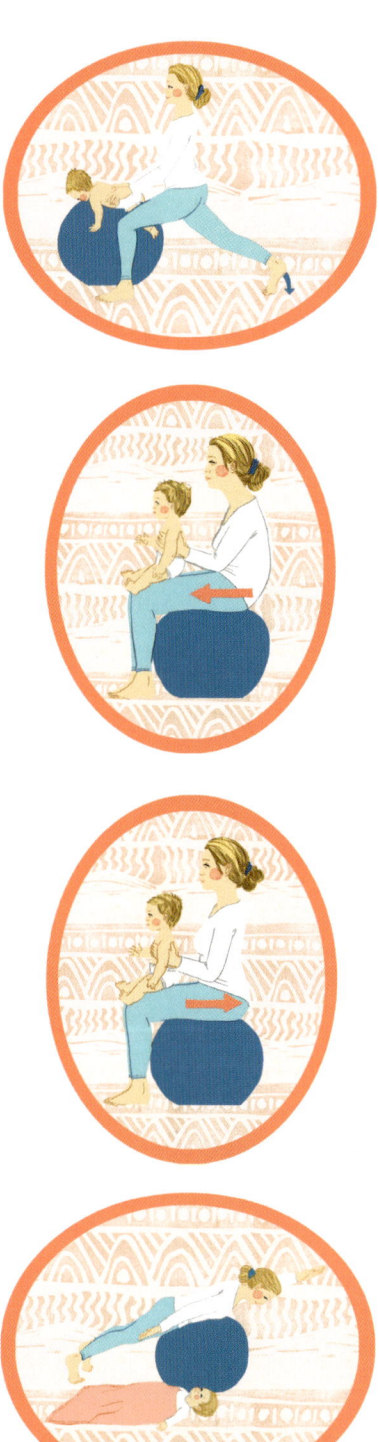

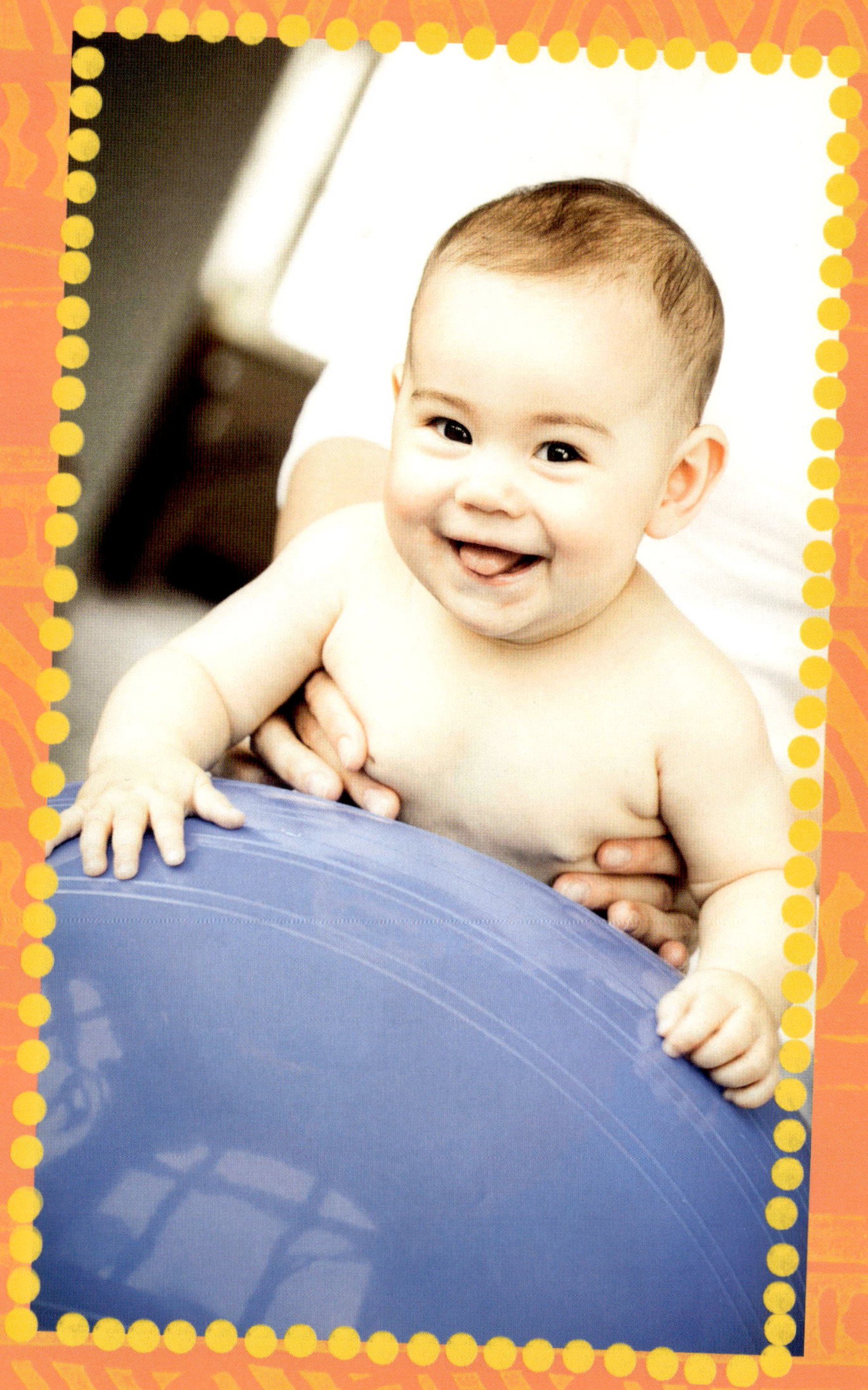

Mit Lucky Lotos gegen den Wind

»Heute ist meine letzte Stunde Aquagymnastik vor der Geburt. Schade. Im Wasser habe ich mich mit meinem Babybauch immer superwohl gefühlt. Ich spüre die zwanzig Kilo kaum, die ich in der Schwangerschaft zugelegt habe, und habe endlich mal keine Rückenschmerzen. Erst an Land komm ich mir vor wie eine gestrandete Robbe. Schwerfällig und müde …« So ein Eintrag aus meinem Schwangerschafts-Tagebuch beim ersten Kind (oh Mann, da hatte ich noch Zeit …). Jetzt, acht Jahre später, sehe ich meinen Sohn, wie er am liebsten den ganzen Tag durch die Fluten springt und sich hinterher wundert, warum die Finger so schrumpelig aussehen. Warum sind so viele Kinder gern im Wasser? Weil wir zu einem großen Teil selbst aus Wasser bestehen?

Wasser ist wohl ein wichtiger Baustein für Geborgenheit. Das Wort »Spa«, das erst in den letzten Jahren in Mode kam, bedeutet »Gesundheit durch Wasser«. In Asien und Afrika werden dem Badewasser oftmals heilende und schützende Kräuter zugesetzt. In Indien verwendet man Kräuter, die das Sprechen erleichtern und eine schöne Stimme verleihen sollen. Eine sehr gute Heilsubstanz, die es kostenlos und von Mama gibt, ist auch die Muttermilch. Wenn Sie stillen, geben Sie doch einen kleinen Becher Muttermilch ins Badewasser.

Das Wohlfühlritual »Lucky Lotos« macht Ihr Baby stark wie einen Elefanten und hilft ihm, nach Schreiphasen wieder ins Gleichgewicht zu kommen. Es basiert auf dem jahrtausendealten Wissen des Padabhyanga, der ayurvedischen Fußreflexzonentherapie. Die Fußsohlen Ihres Babys waren im Bauch stets in Kontakt mit der Gebärmutter – Fußmassagen sind Ihrem Kind also »in die Wiege gelegt« worden. Das Baden ebenso: Mit fortschreitender Schwangerschaft lag das Baby wie ein kleiner Buddha im Lotossitz, so ähnlich wie im Badeeimer. Kombiniert wird die Fußmassage mit Yoga-Übungen und Massagen, um Winde gezielt auszustreichen. Es lohnt vor allem in den ersten vier Monaten, das Programm täglich als Wohlfühlritual zusammen zu genießen. Für die folgenden Schritte benötigen Sie Massageöl.

Schritt 1: Wärmende Hände – Erdung mit Akupressur

Ölen Sie Ihre Hände mit Massageöl ein und reiben Sie sie warm. Halten Sie dann den unteren Rücken des Babys und legen Sie beide Daumen rechts und links neben den Bauchnabel. Dort befinden sich zwei Akupressurpunkte, die die Verdauung anregen und die Darmtätigkeit stimulieren. Sanft auf der Stelle kreisen, fünf Atemzüge lang.

Schritt 2: Winkelmassage am Bauch

Für diese Massagetechnik ist es wichtig, dass der Bauch Ihres Kindes gut eingeölt ist. Legen Sie beide Daumen direkt nebeneinander auf die linke Seite vom Bauchnabel. Dann massieren Sie mit Ihrer rechten Hand in einem rechten Winkel den Unterbauch, Sie folgen damit dem aufsteigenden Darmverlauf. Fünfmal, dabei immer wieder unten ansetzen. Wichtig ist, dass Sie die Darmwindungen ausstreichen ohne abzusetzen, weil in den Ecken oft die Winde feststecken.

Jetzt legen Sie den rechten Daumen in die Ecke, die Sie vorher gezeichnet haben und massieren wiederum einen rechten Winkel. Diesmal folgen Sie mit Ihrem Daumen dem absteigenden Darm. Auch hier ist die Ecke besonders wichtig. Fünfmal. Der dritte Winkel wird am Unterbauch massiert. Ebenfalls fünf Wiederholungen.

Zum Abschluss streichen Sie mit einer Hand noch mal im Uhrzeigersinn über das Bäuchlein, um die Bauchmassage zu beenden.

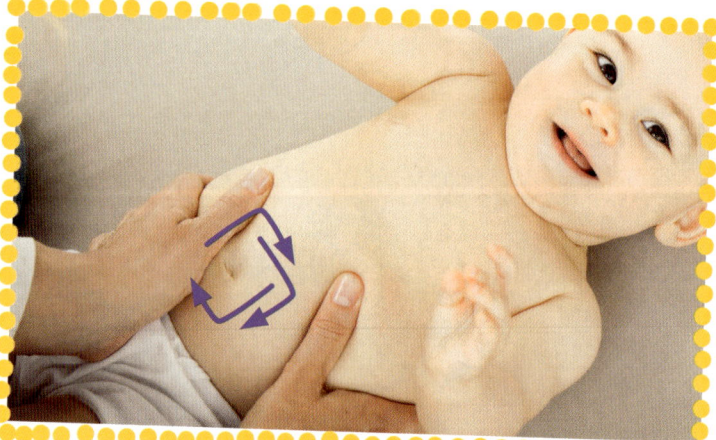

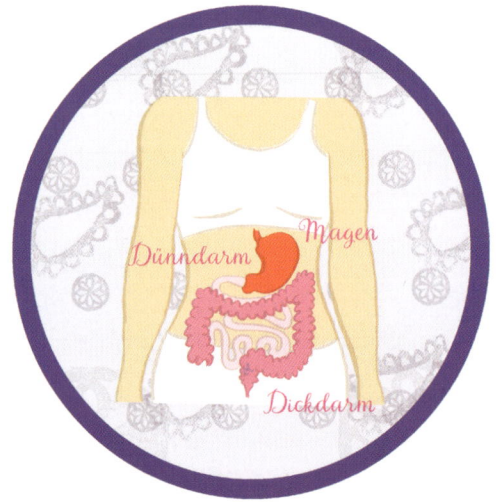

Dünndarm Magen Dickdarm

Erdung mit Akupressur

Winkelmassage am Bauch

Schritt 3: Fußmassage

Am rechten Fuß Die Füße sind ein Abbild des gesamten Körpers – und somit auch des Darms, der mit dieser Technik stimuliert werden kann. Es geht los mit dem aufsteigenden Darm.

- **Winkelmassage** Zeichnen Sie mit den Fingern einen rechten Winkel auf die Fußsohle: Starten Sie mit dem Daumen an der Außenseite der Ferse, streichen Sie über die Außenseite bis zur Fußmitte und dann zur Fußwölbung bis nach innen. Dieses Ausstreichen machen Sie fünfmal seitlich versetzt, mit immer kleiner werdenden Winkeln.
- **Klatschen** Sie anschließend mit der flachen Hand auf das Füßchen und drehen Sie dann Ihre Hand auf der Fußsohle Ihres Babys zur rechten Seite in Richtung des Fußgewölbes und damit des aufsteigenden Darmverlaufes. Fünfmal.
- **Ausstreichen** Anschließend streichen Sie die Fußsohle, dann den Fußrücken aus, und zwar mit der Daumen-über-Daumen-Technik, die genauso gemacht wird, wie es der Name sagt. Noch ein Küsschen auf die Fußsohle, dann der andere Fuß.

Am linken Fuß   Hier verläuft der absteigende Darm, daher massieren Sie jetzt andersherum. Für die Winkelmassage starten Sie mit dem Daumen wieder an der Ferse und gehen über die Außenkante der Fußsohle, bis Sie im rechten Winkel zur Fußwölbung hin abbiegen. Die Klatsch- und Drehbewegung geht jetzt von Ihnen aus gesehen nach links. Zum Abschluss Fußrücken und Fußsohle ausstreichen.

Spa-Tipp bei Koliken
Massieren Sie die Füße wie beschrieben mit einem Aromaöl, zum Beispiel Fenchel-Kümmel-Öl von Ingeborg Stadelmann oder Baby-Bäuchlein-Öl von Weleda. Danach können Sie Füßchen und Beine mit einem Pumpsprüher mit warmem Wasser absprühen, danach kräftig abrubbeln.

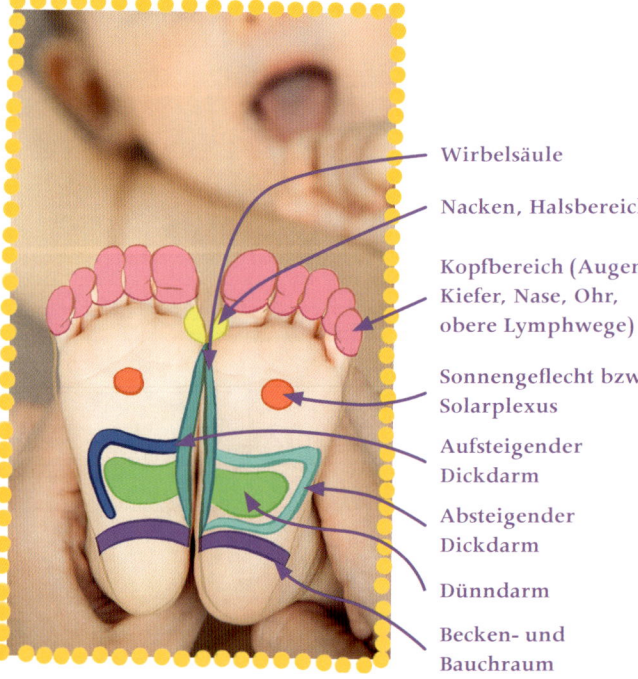

Wirbelsäule

Nacken, Halsbereich

Kopfbereich (Augen, Kiefer, Nase, Ohr, obere Lymphwege)

Sonnengeflecht bzw. Solarplexus

Aufsteigender Dickdarm

Absteigender Dickdarm

Dünndarm

Becken- und Bauchraum

Winkelmassage

Klatsch-Dreh-Bewegung

Fußsohle ausstreichen

Fußrücken ausstreichen

Halber Lotos

Akrobatischer halber Lotos

Schritt 4: Lotos

Eine Übung aus der ayurvedischen Willkommensmassage der Neugeborenen: die sanfte Yoga-Haltung des Lotossitzes. Hüfte und unterer Rücken werden dabei gestärkt und die Verdauung angeregt. Babys haben eine gebogene Wirbelsäule, einen runden Rücken, um in Mamas Bauch zu passen. Daher können sie auch Stunden damit verbringen, ihre Füße und Zehen anzuknabbern. Machen Sie sich also keine Gedanken beim Üben: Die Haltung ist angeboren.

Halber Lotos   Ihr Baby liegt vor Ihnen auf dem Rücken und Sie halten beide Füße in Ihren Händen. Beine erst etwas schütteln und lockern. Dann strecken Sie das eine Bein sanft aus und legen das andere auf die gegenüberliegende Leiste. Sanft gegen die Unterlage drücken, sodass die Fußsohle die Leiste berührt und das Knie seitlich den unteren Bauch. Wieder lösen und lockern. Fünfmal. Dann zum anderen Bein wechseln.

Akrobatischer halber Lotos   Wenn Sie und Ihr Baby etwas mehr Sicherheit mit dem halben Lotos gewonnen haben, probieren Sie, das Beinchen höher zu bewegen. Auch hier bleibt das Knie angewinkelt und schlingt sich um den Körper. Je nachdem, wie locker Ihr Baby gerade ist, können Sie den Fuß sehr hoch oder weniger hoch legen.

Spa-Tipp für Mama
Wenn Ihr Baby schläft, gönnen Sie sich doch dieses Fußprogramm:
- **Fußpeeling.** Entweder Sie verwenden ein bereits gemischtes Fußpeeling oder eine Mischung aus grobkörnigem Meersalz und Rohrzucker in Olivenöl.
- **Fußbad.** In einen Badeeimer mit heißem Wasser geben Sie das Mark einer Vanilleschote, einen Becher Joghurt, 2 EL flüssigen Honig, 1 TL Zimt und 2 Tropfen ätherisches Öl (Vanille oder Zimt vielleicht). Mummeln Sie sich während des Fußbads ein und entspannen Sie mit einer Kerze und ruhiger Musik.
- **Massage.** Danach massieren Sie mit einem Öl liebevoll jeden Zeh und auch die Zwischenräume, die Knöchel und den Fußrücken. Anschließend nochmals Öl oder Creme auftragen, Socken anziehen und ruhen, bis Ihr Baby nach Ihnen verlangt!

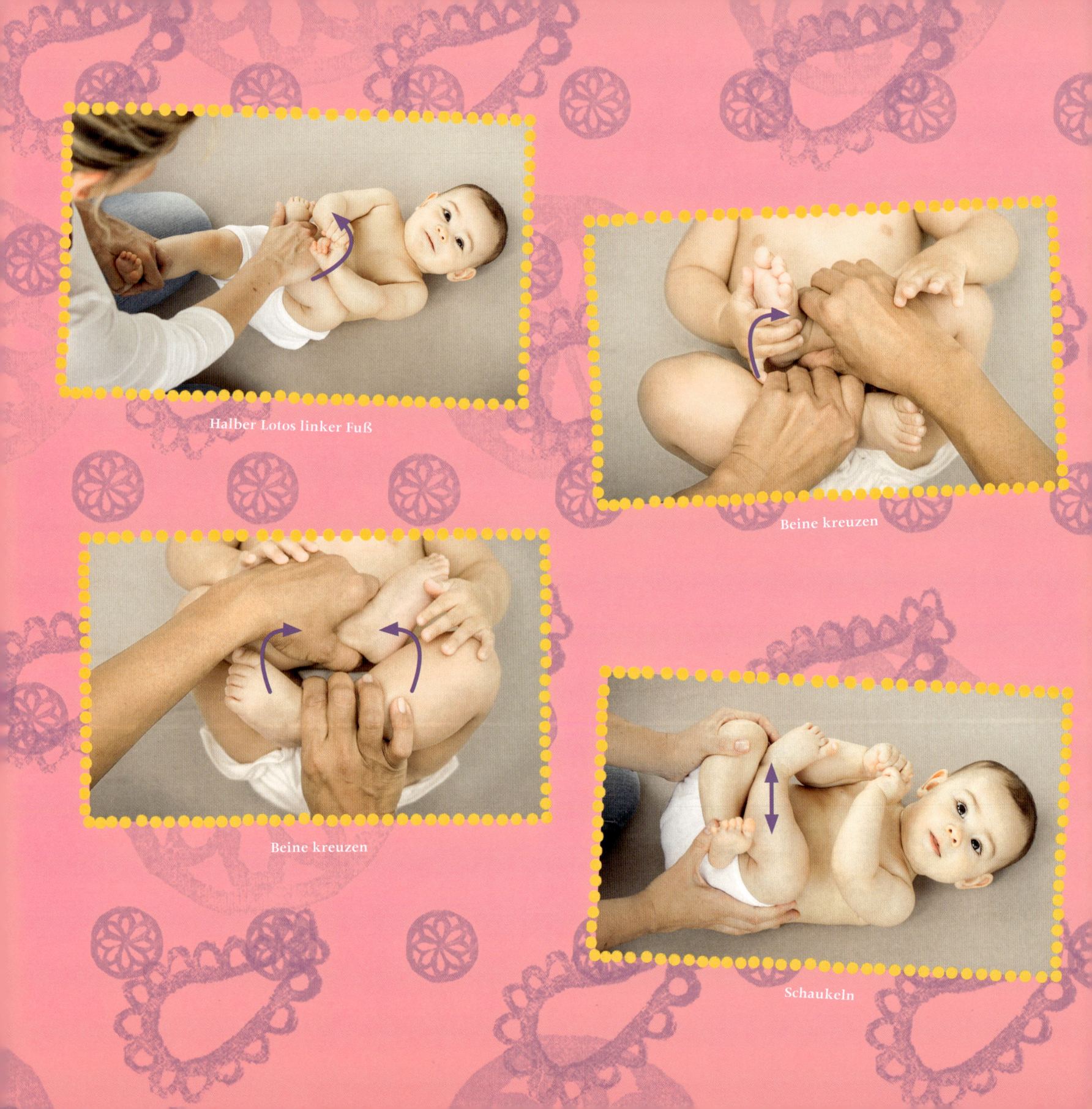

Halber Lotos linker Fuß

Beine kreuzen

Beine kreuzen

Schaukeln

Schritt 5: Kreuzen & Schaukeln

Ihr Baby liegt auf dem Rücken und Sie halten die Füßchen in Ihren Händen. Mit dem linken Babyfuß gehen Sie in die Stellung des halben Lotos, der Fuß wird auf die gegenüberliegende Seite gelegt. Das rechte Babyfüßchen legen Sie jetzt an die Unterseite des linken Oberschenkels. Dann lösen, lockern, als wollten Sie ein Kissen aufschütteln, und das Ganze andersherum legen. Versuchen Sie, in einen Fluss zu kommen, wenn Sie im Wechsel kreuzen.

Zum Schluss halten Sie die gekreuzten Beine mit den Händen, die seitlich am Po liegen. Wiegen Sie Ihr Baby sanft hin und her. Wenn Sie dabei summen oder »schhhh-Laute« zischen, hört sich das für die Babyohren an wie die Geräusche früher im Bauch.

Für diese Übung habe ich ein Gedicht geschrieben und in meinen Kursen die Erfahrung gemacht, dass sich der Spaß an der Übung steigert, je mehr Action die Mamas in Betonung und Körpereinsatz einbringen. Also: Gas geben lohnt!

Das Yoga-Gedicht

Name Ihres Kindes und Toga. Die gingen zum Yoga.
Sie kreuzten ihre Beine hin und wieder her.
Und wieder hin und … her.
Das war gar nicht so schwer.
Dabei machten sie lustige Geräusche, wie
Huiiiii und Feng Shuiiii
oder Schubbiduuuh und Buh, Buh, Buh!
Viiiieeel zu schnell war die Stunde aus,
und sie gingen gaaaanz entspannt nach Haus.
Schhhhhhhhhhhhh.
Antje Drössel

Einfach einschlafen

Wohlfühlrituale ab der achten Woche

Schlafen – ganz natürlich, oder doch nicht?

Was können Eltern für einen guten Babyschlaf tun?

- Je langweiliger die Nacht, desto attraktiver der Schlaf. Damit Kinder den Rhythmus von Tag und Nacht lernen, ist es wichtig, dass sie den Unterschied deutlich wahrnehmen. Nachts sollte es daher dunkel, leise und ruhig sein.
- Ein festes Ritual ist ideal. Für viele Babys ist das Trinken an Mamas Brust oder das Saugen am warmen Milchfläschchen in Mamas Armen das beste Schlafmittel. Durch das Hören des Herzschlages beruhigen sie sich, das Trinken und Saugen macht müde und mit einem vollen Bauch lässt es sich prima schlafen.
- Die drei Wohlfühlprogramme auf den nächsten Seiten verfolgen alle dasselbe Ziel: das Baby mit Zärtlichkeit, Zuwendung und Liebe aufzuladen, sodass es gesättigt und zufrieden einschlafen kann. Am besten probieren Sie alle drei Programme aus und entscheiden sich dann jeden Tag für das, das gerade richtig erscheint.

»Was? Die Kleine schläft immer noch bei euch im Bett? Ihr verwöhnt sie aber ganz schön« oder »Wie? Ihr legt euer Baby schon mit vier Wochen in sein eigenes Zimmer? Das ist doch viel zu früh!« Bei kaum einem anderen Thema gehen die Meinungen so stark auseinander und fast jeder hat einen guten Rat. Was für die eine Familie perfekt funktioniert, muss aber nicht zwangsläufig bei Ihrem Kind gehen. Niemand kennt Ihr Baby besser als Sie! Ihren eigenen Weg finden Sie am besten durch Ausprobieren und indem Sie auf Ihr Bauchgefühl hören.

Einige Fakten zum Schlafverhalten

Neugeborene schlafen in den ersten vier bis sechs Wochen bis zu 20 Stunden pro Tag. Allerdings ist es ein sehr leichter Schlaf mit Wach- und Tiefschlafphasen. Manchen Babys gelingt es, von allein in den Schlaf zurückzufinden. Andere brauchen dabei Unterstützung von außen.

Nach acht und nach etwa 16 Wochen gibt es für viele eine erste Durststrecke. Die Gehirnaktivität steigt, die Babys werden aufmerksamer und müssen immer mehr Erlebnisse verarbeiten. Viele Eltern bemerken in dieser Zeit, dass ihr Baby abends schlecht einschläft und viel schreit. Das Schlafverhalten ist ein Prozess, der sich stetig verändert und von ruhigen ebenso wie von turbulenten Phasen geprägt sein kann. Der eigentliche Tag-und-Nacht-Rhythmus bildet sich erst nach etwa zwölf Wochen aus.

Beruhigende Kopfmassage für Sie als Einschlafhelfer

Damit Sie Ihr Baby zum Schlafen verführen können, ist es von Vorteil, selbst einen klaren Kopf zu haben und Ruhe sowie Zuversicht auszustrahlen. Dazu verhilft Ihnen diese Massage: Setzen Sie sich mit Ihrem Kind gemütlich irgendwo hin, vielleicht auf ein Yoga-Kissen, die Couch, ins Bett oder auf den Teppichboden.

»Haare waschen« Spreizen Sie Ihre Finger und massieren Sie den gesamten Kopf mit kleinen Kreisen. Ich persönlich finde es im Nacken und an den Schläfen am schönsten.

Augenbrauen ausstreichen Nun legen Sie die Kuppen der Zeigefinger auf den Punkt zwischen Ihren Augenbrauen und streichen diese fünfmal von der Mitte bis zu den Schläfen aus. Fünfmal wiederholen und etwas höher fortsetzen. Sie können auch die Mittelfinger dazunehmen. In dieser Weise die gesamte Stirn von der Mitte zu den Seiten bearbeiten, bis Sie beim Haaransatz angekommen sind.

Schläfen und Ohren massieren Nun massieren Sie in kleinen Kreisen mit dem Zeige- und Mittelfinger Ihre Schläfen. Dann streichen Sie mit dem Ring- oder Zeigefinger kräftig den Bereich direkt hinter dem Ohr und anschließend bis zum Nacken hinunter aus. Zum Abschluss kneten Sie die Ohrmuschel in kreisenden Bewegungen zwischen Daumen und Zeigefinger.

Stirn ausstreichen Jetzt legen Sie die Finger wieder zwischen Ihre Augenbrauen, diesmal waagerecht übereinander. Die Daumen ruhen auf den Wangenknochen und die Zeigefinger streichen die gesamte Stirn in der Finger-über-Finger-Technik nach oben aus.

Noch mal »Haare waschen« Zum Abschluss noch mal »Haare waschen«. Am Ende fünfmal tief durchatmen.

»Haare waschen«

Schläfen massieren

Augenbrauen ausstreichen

Stirn ausstreichen

Tempo raus & einen Gang zurück

Als ich noch klein war, zählte ich vor dem Einschlafen die Fenster, die im Hochhaus gegenüber beleuchtet waren. Ich fragte mich, wie viele Leute schon schlafen und was die anderen gerade machen. Irgendwann war ich zu müde zum Nachdenken und schlief zufrieden mit meiner »Recherche« ein. Genau dieses Gefühl von Zufriedenheit und Geborgenheit durchleben Säuglinge, wenn sie Wiegenlieder hören. Schon seit Jahrtausenden singen Mütter ihre Babys in den Schlaf. In manchen Kulturen bleibt dies auch den Vätern vorbehalten, wie bei den Pygmäen, die ihre Babys mit einer Art Jodelgesang einlullen. Forscher wissen, dass sich der Herzschlag beim Hören von Schlafliedern beruhigt und auch das Schmerzempfinden zurückgeht. Wiegenlieder können dabei helfen, Emotionen zu kontrollieren und Stress abzubauen. Sie wirken entschleunigend – und das ist auch die Zielsetzung dieses Programms.

Mit etwa drei Monaten wird das Baby zunehmend wacher. Es wendet sich der Welt zu und nimmt die unendlichen Möglichkeiten des Lebens wahr. Oberflächen, Formen, Beweglichkeit von Dingen. Jeder Gegenstand wird genau inspiziert. Wie viele Informationen Kinder in kürzester Zeit aufsaugen! So überraschen mich meine Söhne oftmals mit kleinen Details, wenn wir unterwegs sind. »Mama, schau mal, das Auto hat das gleiche Zeichen wie das Geschäft, das wir beim Zahnarzt am Eingang gesehen haben.« Ich frage mich: Welches Geschäft, welches Zeichen? Und stelle mal wieder fest, wie wenig achtsam ich manchmal durch die Welt laufe.

Mit etwa drei Monaten zeigt sich auch ein erster Tag-und-Nacht-Rhythmus. Und das wirkt auf den Schlaf – bei den einen problemlos, bei den anderen schwieriger. Bloß keine Vergleiche. Jedes Kind ist einzigartig.

Sich wie ein Bär einkuscheln, um dann in einen langen und genüsslichen Winterschlaf zu fallen, das ist die Idee der Übungen hier. Mit dem Programm »Tempo raus« wird überschüssige Energie aus dem Körper gestrichen und die Selbstregulation angesprochen. Kombiniert wird mit ausgleichenden Yoga-Übungen, die helfen, Gedanken zu sortieren, runterzukommen und den hektischen Alltag wegzuzaubern.

Schritt 1: Wärmende Hände

Sie brauchen Massageöl, am besten, Sie legen es schon mal bereit. Und dann geht's los. Ihr Baby liegt vor Ihnen. Platzieren Sie Ihre Hände unter das Köpfchen und den Oberkörper. Ihre Arme liegen nebeneinander, Ihr Gewicht lastet auf den Ellenbogen. Ihr Baby sollte in Ihren Armen liegen wie in einem Nest. Beschützt und geborgen. Schauen Sie Ihrem Kind in die Augen und erfreuen Sie sich daran, wie offen und klar sein Blick ist. Atmen Sie ruhig ein und aus. Kommen Sie zur Ruhe. Dann heben Sie Ihr Baby langsam hoch und runter. Während Sie es immer wieder heben und senken, sagen Sie ihm, dass es nun Zeit für ein Nickerchen ist, weil es bestimmt schon g a a a n z müde ist. Zählen Sie ihm eintönig die Erlebnisse der letzten Stunden auf oder erfinden Sie selbst eine Geschichte. Bauen Sie die Worte »müde« und »schlafen« oft ein. Konzentrieren Sie sich auf spannungsarme und positive Sachverhalte. Achten Sie darauf, leise und ruhig, mit betont einschläfernder Stimme zu sprechen. Wenn Sie selbst denken »Ach Gott, wie langweilig« ist es perfekt.

Vor dem Schlafen ist auch ein Schattenspiel eine tolle Möglichkeit, um runterzukommen. Dazu eignen sich Klemmlampen, die man sich einfach ans Bett klemmt und gut für das Schattenspiel einstellen kann. Eine Figur, die Sie einfach mit Ihren Fingern formen können, ist der Hase. Dazu ein passendes und babygerechtes Gedicht in Endlos-Schleife, das sich perfekt als Gute-Nacht-Geschichte anbietet. Es enthält viele Zischlaute, die an Mamas Bauch erinnern, und die Vokale A und U, die beruhigend und ausgleichend wirken.

Ein Hase, der gern Bücher las
Ein Hase, der gern Bücher las, fand ein dickes Buch im Gras,
er setzte sich ins Gras und las das dicke Buch, im Buch stand das:
Ein Hase, der gern Bücher las, fand ein dickes Buch im Gras,
er setzte sich ins Gras und las das dicke Buch, im Buch stand das:
Ein Hase, der gern Bücher las, fand ein dickes Buch im Gras,
er setzte sich ins Gras und las das dicke Buch,
im Buch stand das:
Ein Hase, der …
Josef Guggenmos

Wärmende Hände

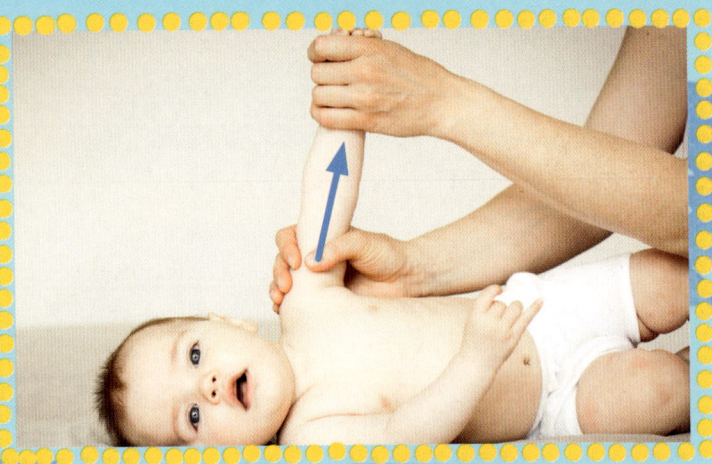

Ringstrich

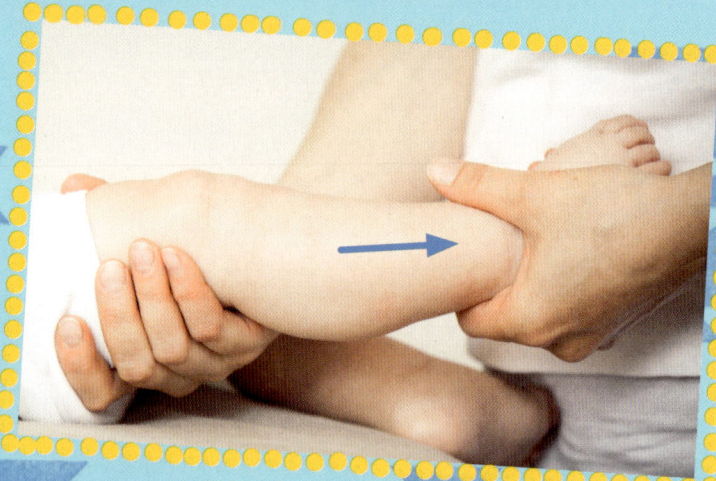

Ringstrich

Ausrollen

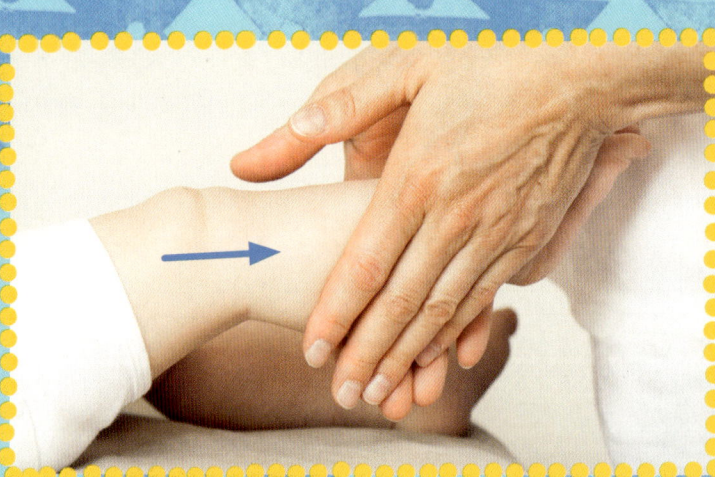

Ausrollen

Bogenintegration

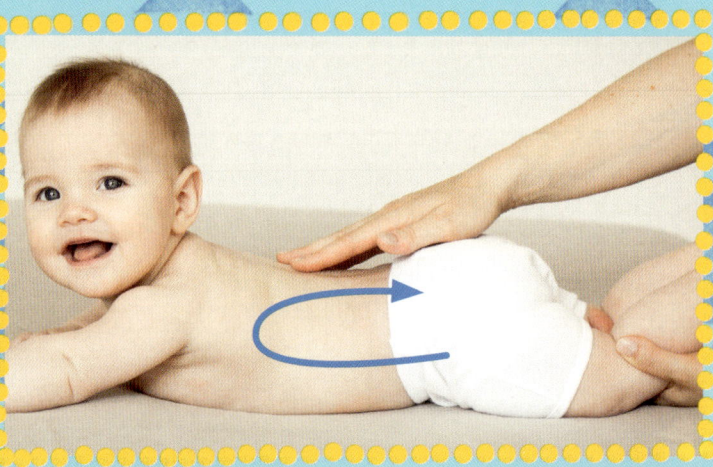

Bogenintegration

Schritt 2: Arme ausstreichen

Hier ist Massageöl nötig, das auf den jeweiligen Bereich aufgetragen wird.

Ringstrich   Das Baby liegt auf der Seite. Ihre eine Hand umgreift sein Handgelenk. Die andere umschließt den Arm an der Schulter wie ein Ring. Diesen Ring schieben Sie in Richtung der anderen Hand. Ist er am Handgelenk angekommen, wird die Hand gewechselt, nun massiert die Hand, die vorher das Handgelenk hielt. Lassen Sie einen fließenden Rhythmus entstehen. In Indien nennt man diesen Massagegriff »Melken«, weil die Technik daran erinnert, wie die Milch mit der Hand aus dem Euter gestrichen wird. Wir streichen das Zuviel an Energie und Gedanken aus. Herrlich entspannend!

Ausrollen   Jetzt liegen die Hände auf Vorderseite und Rückseite der Schulter. Ihre Finger sind gestreckt und nah beieinander. Rollen Sie nun das Ärmchen zwischen Ihren Händen aus. Die gesamte Muskulatur wird gelockert und entspannt. Anschließend drehen Sie Ihr Baby auf die andere Seite und wiederholen Ringstrich und Ausrollen dort.

Bogenintegration   Bevor die Beine dran sind, ein Zwischenschritt: Mit der einen Hand halten Sie die Beine unterhalb der Knie zusammen. Die andere Hand beschreitet einen Bogen, der sich vom einen Fußgelenk über die Seite und die Brust zur anderen Seite und dem Fußgelenk dort zieht. An diesem Bogen fünfmal entlangstreichen.

Schritt 3: Beine ausstreichen

Bringen Sie das Baby in eine bequeme Rückenlage. Dann massieren Sie zuerst das eine, dann das andere Beinchen mit den Techniken des Ringstrichs und des Ausrollens nach unten in Richtung Fußgelenke. Anschließend können Sie die Massage der Arme, die Bogenintegration und die Beinmassage in Bauchlage wiederholen.

Schritt 4: Pflug

Ihr Baby liegt auf dem Rücken. Legen Sie die Fußsohlen aufeinander und halten Sie die Füße in Ihren Händen. Die Knie fallen locker nach außen. Beschreiben Sie Ihrem Baby, was Sie vorhaben, und erklären Sie den positiven Nutzen der folgenden Übung aus dem Yoga. Die Haltung wird als Pflug bezeichnet. Sie lockert die Hüfte und macht geschmeidig und flexibel. Die Muskulatur in den Beinen, dem Rücken und der Halswirbelsäule wird angenehm gedehnt und die Bauchorgane werden sanft massiert. Der Pflug hilft, zur inneren Mitte zu finden, zentriert und gleicht aus.

Führen Sie nun die aufeinandergelegten Fußsohlen mit möglichst gestreckten Beinen nach oben in Richtung Kopf. Langsam und beständig. Dann wieder lösen und nach unten zurückführen. Mindestens fünfmal. Anschließend die Füße so sanft wie möglich zur Unterlage zurücksinken lassen. Am besten noch mit einem Küsschen verwöhnen.

Zu der Yoga-Haltung passt hervorragend der Klassiker »Twinkle, twinkle, little star«. Die Melodie stammt von dem französischen Lied »Ah! Vous dirai-je, Maman«, das Wolfgang Amadeus Mozart weiter bearbeitet hat. In Deutschland kennen wir es vor allem mit dem Text »Morgen kommt der Weihnachtsmann«.

Twinkle, twinkle, little star   Text: Jane Taylor

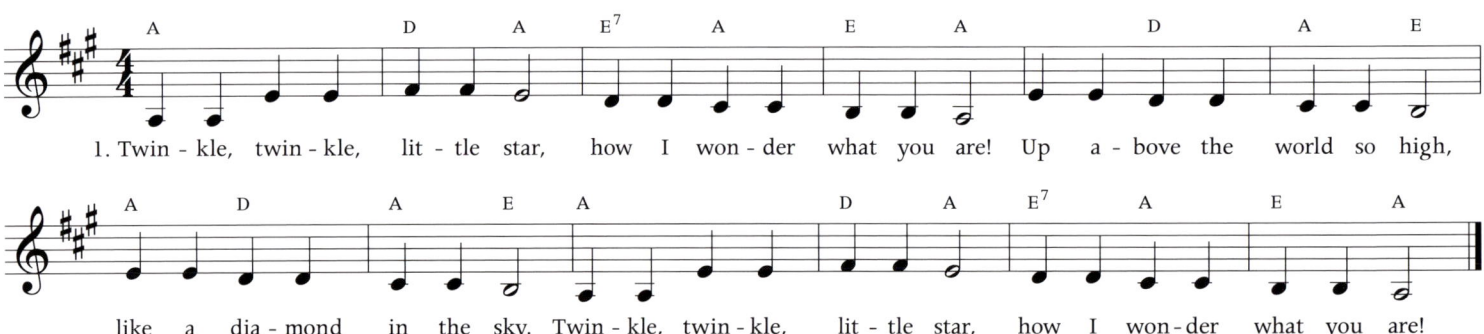

Funkel, funkel, kleiner Stern,   ein strahlend heller Diamant.
ach, wie bist du mir so fern.   Funkel, funkel, kleiner Stern,
Wunderschön und unbekannt,   ach, wie bist du mir so fern.

Ausgangsstellung

Pflug 1

Pflug 2

Lymphzentrum am Ohr massieren

Weitere Lymphzentren stimulieren

Schritt 5: Harmonisieren

Diese Technik wird als Vorbereitung zur manuellen Lymphdrainage eingesetzt. Das ist eine Methode der Physiotherapie, um den Fluss der Lymphe anzuregen. Es gibt verschiedene Zentren, die wir vor dem Zubettgehen mit einer sanften Druckpunktmassage ansprechen können, um für Ruhe, Harmonie und Entspannung zu sorgen.

Lymphzentrum am Ohr massieren   Das Baby liegt auf der rechten Seite. Benetzen Sie Zeigefinger und Mittelfinger Ihrer rechten Hand mit Massageöl und legen Sie die Finger auf die Kuhle hinter dem Ohr. Massieren Sie mit mäßigem Druck im Uhrzeigersinn kreisend auf der Stelle. Fünf Sekunden lang.

Weitere Lymphzentren stimulieren   Geben Sie wieder Massageöl auf Ihre Finger und halten Sie den Arm Ihres Kindes mit der einen Hand nach oben, während Sie mit zwei, drei Fingern der anderen Hand vorsichtig unter der Achselhöhe massieren. Anschließend gehen Sie weiter zum Schlüsselbein und zur Leiste. Auch dort gilt es, mit sanftem Druck in Richtung des Herzens kreisend auf der Stelle zu massieren. Nun drehen Sie Ihr Baby zur anderen Seite, wo Sie ebenfalls die Lymphzentren (Ohr, Achseln, Schlüsselbein, Leiste) anregen. Berühren Sie Ihr Baby zum Abschluss noch mal mit Ihren wärmenden Händen auf der Brust, dann noch einen kleinen Kuss und ab geht's ins Bettchen.

Tipp vom Kinderarzt

Einer der häufigsten Beratungsanlässe im ersten Lebensjahr ist das Schlafverhalten. Wie viele übernächtigte Eltern mit Ringen unter den Augen erscheinen verzweifelt in der Sprechstunde! Schlafen muss wie alles andere im Leben erlernt werden. Einschlafen und Durchschlafen sind Entwicklungsaufgaben im Sinne der Selbstregulation. Die tägliche Gesamtschlafdauer beträgt im ersten Lebensjahr durchschnittlich 14 Stunden (Züricher Longitudinalstudie). Die verteilen sich unterschiedlich auf Tag und Nacht. Während das Neugeborene zwischen zwei und zehn Stunden tagsüber schläft, sinkt die Tagschlafdauer beim Einjährigen auf null bis fünf Stunden ab. So ist die Streuung dessen, was als normal angesehen werden muss, riesengroß. Nicht selten sind die Kinder zu müde zum Schlafen und überdreht. Dann hilft nur konsequente Ruhe. Hier muss jeder seinen Weg finden, Universallösungen gibt es nicht.

Im Einklang zum Ausklang

Ich stehe an der Bushaltestelle und beobachte die Passanten, die an mir vorbeiziehen. Ein Luxus in der heutigen Zeit, in der alles immer schneller tickt. Ich sehe häufig Mamis mit Kinderwägen an mir vorbeiziehen, Coffee-to-go schlürfend, Handy am Ohr. Je mehr parallel läuft, umso besser. Aber sind wir überhaupt noch mit unseren Sinnen beim Kind? Und was ist mit uns selbst, kommt unser Geist in den freien Minuten, die wir haben, noch zur Ruhe?

Ich erinnere mich an eine Reise durch den Süden Afrikas. Weite und Freiheit haben mich dabei am meisten beeindruckt. Abends am Lagerfeuer sitzen, den Tiergeräuschen zuhören und in die Sterne gucken. Nichts mehr, nichts weniger. Herrlich. Friedlich. Wir leben aber nicht in der Wildnis Afrikas, sondern hier. Das stimmt. Aber wir können etwas achtsamer mit unserer begrenzten Zeit umgehen. Wenn wir beim Laufen zugleich im Netz unterwegs sind und die hundertste Nachricht in unser Smartphone tippen, hat unser Gehirn keine Gelegenheit zum Entspannen. Doch wir brauchen Pausen. Sonst sind Speicher und Nervenkapazität bald am Ende.

Das Leben im Flimmermodus. Schon die Kleinen werden da hineingeboren. Es gibt bereits Tabletaufhängungen für den Spielbogen, am Kinderwagen oder an der Wippe. Anbieter von elektronischem Spielzeug werben damit, dass sie die Sinne stimulieren und die Kinder gezielt fördern. Und viele kaufen all das, denn schließlich soll das Baby später mal ein kleiner Einstein werden. Aber das Kind wird mit Reizen überflutet und kann die Geräte nicht selbst abschalten, wenn es zu viel hat. Es muss ohnehin schon viel verarbeiten. Wen wundert es dann, wenn sich Unruhe breitmacht? Wenn das Baby aufgedreht ist, schlecht schläft und an Mamas Rockzipfel klebt, weil sie die einzige Sicherheit und Konstante in diesem wilden Dschungel ist.

Mit dem Programm »Im Einklang« können Sie Ihrem Kind helfen, alles Störende und das Zuviel an Eindrücken von sich abzuschütteln. Wie ein kleiner Welpe, der aus dem Wasser kommt. Die Ideen hier habe ich bei meinen Afrikareisen entdeckt und später bei meiner Massageausbildung wiedergefunden (Danke, Björn). Die Technik habe ich »KKR« genannt: Klopfen, Kneten, Rollen. Die Übungen beruhigen, weil die Energiebahnen frei gemacht werden und der Atem freier fließen kann. Fingerspiele vermitteln ein Gefühl fürs Hier und Jetzt und schulen die Achtsamkeit.

Schritt 1: Wärmende Hände

Setzen Sie sich mit Ihrem Baby auf die Couch oder ins Bett. »Im Einklang« eignet sich hervorragend als Betthupferl. Legen Sie sich am besten alles, was Ihr Baby zum Einschlafen braucht, schon mal zurecht. Ihr Kind liegt auf Ihren aufgestellten Oberschenkeln. Reiben Sie Ihre Hände warm und legen Sie sie sanft seitlich der Hüfte auf. Kommen Sie in Kontakt zu Ihrem Baby. Sie können ihm eine kleine Gute-Nacht-Geschichte erzählen oder beschreiben, was Sie jetzt vorhaben. Versuchen Sie, mit all Ihren Sinnen bei Ihrem Kind zu sein. Genießen Sie, wie gut es riecht. Spüren Sie die seidenweiche Babyhaut. Hören Sie, was es zu sagen hat. Versuchen Sie, Ihre Gedanken vorbeiziehen zu lassen wie Wolken am Himmel. Jetzt ist Ihr Baby dran.

Schritt 2: Die KKR-Technik

Klopfen   Nehmen Sie das linke Füßchen in die linke Hand. Mit der rechten, flachen Hand klopfen Sie das linke Bein von der Hüfte beginnend bis zum Fuß ab. Fragen Sie Ihr Baby, wie stark das Klopfen sein sollte, und hören Sie auf die Signale. Ihr Baby zeigt Ihnen, was es mag. Bei manchen ist das sanft, bei anderen intensiver. Wechseln Sie jetzt zur Innenseite des Knöchels und klopfen Sie ebenso vorsichtig diese Seite bis zur Leiste ab. Dabei reichen zwei, drei Finger, weil an der Innenseite weniger Platz ist. Im Bogen wieder zum Ausgangspunkt der Hüfte. Fünfmal.

Kneten   Kneten Sie nun das Bein sanft, als wollten Sie einen Hefeteig machen. Die linke Hand hält dabei den Fuß zur Stabilisierung. Starten Sie an der Hüfte und massieren Sie zu den Fußgelenken hin, dann weiter zur Innenseite des Fußes nach oben bis zur Leiste. Im Bogen wieder zur Hüfte zurück. Fünfmal.

Rollen   Zum Lockern spreizen Sie Ihre Finger und rollen damit das Beinchen an der Außenseite zu den Füßen hin und an der Innenseite zur Leiste hin kräftig aus. Fünfmal. Dann in derselben Weise das andere Bein bearbeiten.

Wärmende Hände

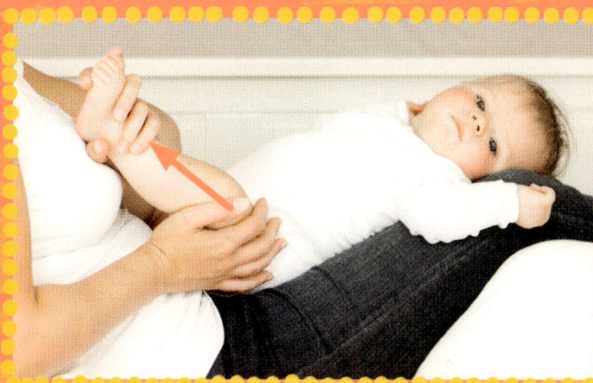

Klopfen

Kneten

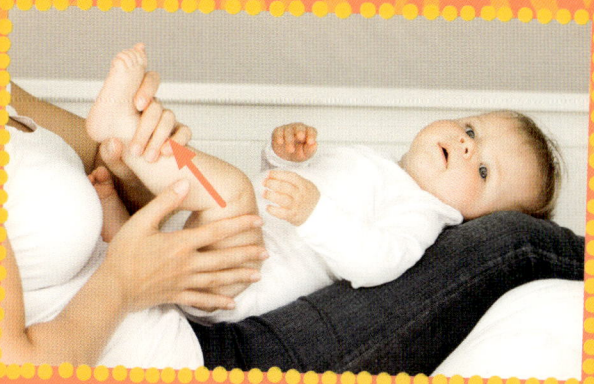

Rollen

Schritt 3: KKR für die Füße

Klopfen   Ihr Kind liegt wieder auf Ihren aufgestellten Beinen. Fragen Sie es, ob Sie seine Füße abklopfen dürfen. Und beschreiben Sie den Nutzen, den das hat (zum Beispiel: Es macht Spaß, entspannt, man wird müde). Umfassen Sie mit der linken Hand das Fußgelenk. Dann zählen Sie bis drei und klatschen mit der rechten Hand auf die Fußsohle. Viele Babys finden das Geräusch total spannend. Anschließend drehen Sie Ihre Hand auf der Fußsohle nach innen zur Fußwölbung, stellen sie dann wieder gerade und klatschen und drehen erneut. Insgesamt fünfmal.

Kneten   Massieren Sie nun den linken Fuß. Stellen Sie sich vor, die Fußsohle besteht aus lauter Perlen, die auf der gesamten Fußsohle von der Ferse bis zu den Zehen wie eine Kette schlangenförmig verteilt liegen. Jetzt massieren Sie jede einzelne Perle im Uhrzeigersinn kreisend mit dem Daumen. Fünfmal, dann die nächste Perle.

Rollen   Zum Lockern streichen Sie mit Ihrem Daumen über die gesamte Fußsohle in schwungvollen Strichen hin und her. Von der Ferse bis zu den Zehen und zurück. Beziehen Sie die Außenkanten in Richtung Knöchel und die Innenkanten mit ein. Dann rollen Sie jeden einzelnen Zeh und die Zwischenräume zwischen Daumen und Zeigefinger aus und wechseln zum nächsten Fuß. Ich liebe es, bei meinen Kursen mitanzuschauen, wie sich die Zehen der kleinen Füße bei dieser Massage mitbewegen. Und in der Tat, die Bewegung der Zehen ist eine gute Gymnastikübung. Die Zehen sind über die Fußreflexzonen mit dem Kopfbereich verbunden. Also ideal zur Entspannung der Gesichtsmuskulatur nach Schreiphasen und vor dem Zubettgehen.

Nach der Fußmassage passt vielleicht ein lustiges Spiel-Gedicht?

Spielreim
Geht ein Mann die Treppe rauf
(mit zwei Fingern das Bein und den Arm bis zum Hals hochlaufen),
klopft an
(mit einem Finger sanft an der Stirn des Kindes anklopfen),
Klingelingeling
(am Ohrläppchen des Kindes leicht ziehen und wackeln),
Guten Tag + Name des Kindes
(an der Nase des Kindes leicht wackeln und ziehen):
Ich bin's, der Nasenmann!

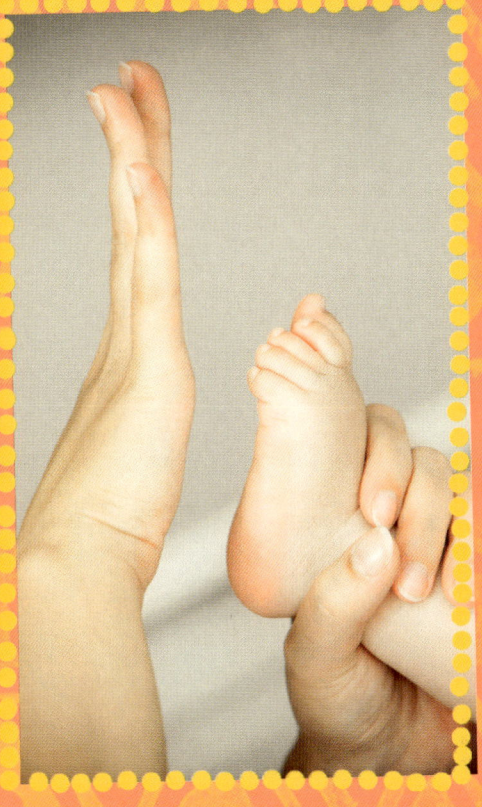

Klopfen

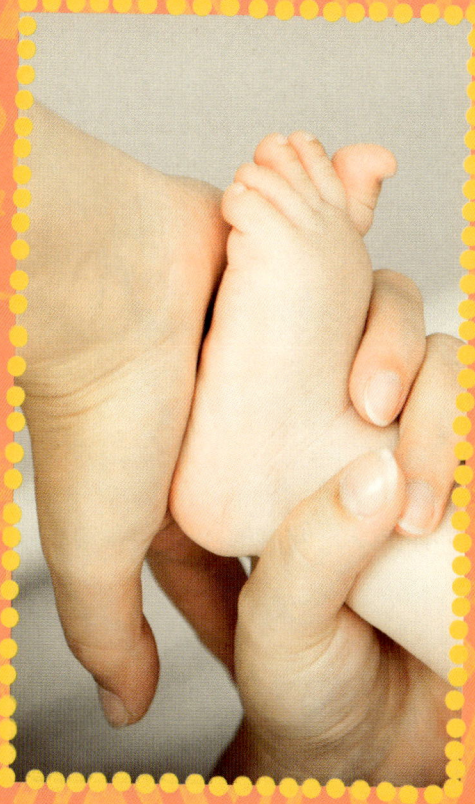

Drehen

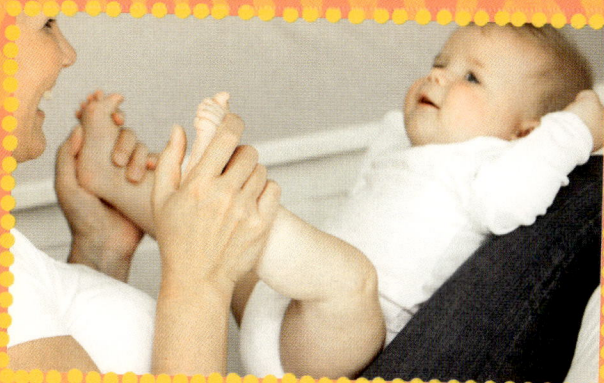

Kneten

Rollen

Arme kreuzen 1

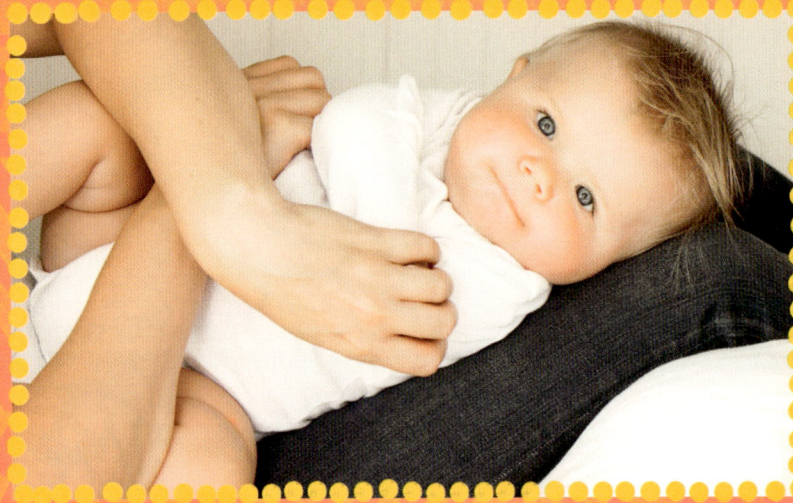

Arme kreuzen 2

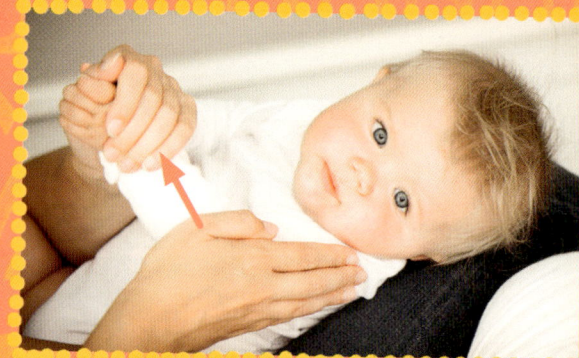

Klopfen

Kneten

Rollen

Schritt 4: Arme kreuzen & KKR

Arme kreuzen   Ihr Baby liegt weiterhin bequem auf Ihren aufgestellten Beinen. Lassen Sie sich Ihre beiden Daumen umgreifen. Dann führen Sie die Arme nach außen, so weit es geht. Sie können es darauf mit »Du bist schon soooo groß« vorbereiten. Nun schließen Sie die Arme wieder, indem Sie sie vor der Brust kreuzen, dabei sind Sätze gut wie: »Und im Bauch warst du noch sooo klein.« Lassen Sie in Ihren Bewegungen einen Fluss entstehen. Öffnen, kreuzen, öffnen, kreuzen. Langsam, aber gleichmäßig. Mindestens fünfmal. Dann folgt die bereits bekannte KKR-Technik an den Armen.

Klopfen   Sie lassen den Daumen der linken Hand umgriffen. Mit der anderen Hand klopfen Sie von der Schulter bis zum Handgelenk die Arm-Außenseite ab. Dann weiter zur Innenseite. Auch hier bis zu den Achseln klopfen, es genügen zwei, drei Finger. Gehen Sie zur Schulter zurück, umfassen Sie diese kurz und starten Sie erneut. Fünfmal.

Kneten   Massieren Sie jetzt das Ärmchen mit einer Knetbewegung, als wollten Sie einen Plätzchenteig kneten. Die Bewegung geht vor allem über den Handballen und wird durch die Finger unterstützt. Sie sollte wie beim Klopfen, also an der Außenseite zu den Händen und an der Innenseite zu den Achselhöhlen erfolgen.

Rollen   Spreizen Sie die Finger Ihrer rechten Hand, um den Arm mit lockernden Hin-und-her-Bewegungen »auszurollen«. Dann ist der andere Arm dran.

Zum Abschluss eignet sich der nebenstehende Spielreim:

Spielreim
Hast'n Taler
(Hand Ihres Kindes mit dem Rücken in Ihre legen und auf die Handfläche klatschen),
gehst in die Stadt
(noch mal klatschen),
kaufst dir 'ne Kuh
und ein Kälbchen dazu
(zweimal klatschen),
das Kälbchen hat ein Schwänzchen
und macht Diddel-Diddel-Dänzchen
(mit zwei Fingern kribbeln und kitzeln).

Klopfen

Kneten

Rollen

Schritt 5: KKR für den Rücken

Klopfen   Drehen Sie Ihr Baby in die Bauchlage. Dann klopfen Sie mit Ihrer flachen, linken Hand sanft Schulter, Nacken, Rücken und Flanke rechts neben der Wirbelsäule aus. Danach wechseln Sie zur anderen Seite und arbeiten hierbei mit der linken Hand.

Kneten   Jetzt kommt die klassische Rückenmassage in Knettechnik: Sie massieren den kompletten Bereich rechts und links der Wirbelsäule. Nie direkt auf der Wirbelsäule!

Rollen   Spreizen Sie die Finger und lockern Sie Schulter und Nacken, die Seite und den Rücken Ihres Babys mit schnellen Hin-und-her-Bewegungen aus. Dann die andere Seite.

Die Arme ausklopfen

> **King-Kong-Methode für müde Eltern**
> Gehen Sie unter die Dusche und überwinden Sie sich zu einem Wechselbad mit kaltem und warmem Wasser. Wichtig sind vor allem die Arme und die Beine. Das kalte Wasser dabei immer in Richtung Herz strömen lassen. Jetzt etwas Gymnastik unter der Dusche: Neigen Sie den Kopf zur Brust, dann nach hinten in den Nacken. Beim Einatmen Blick zur Decke. Beim Ausatmen zur Brust. Fünfmal. Anschließend legen Sie das Kinn wieder zur Brust und bewegen den Kopf zur Seite, bis das Ohr fast die Schulter berührt. Stellen Sie sich vor, dass an Ihren Schultern Gewichte hängen, die beide Schultern schwer nach unten ziehen. Fünfmal zu jeder Seite.
> Klopfen Sie sich mit den Fäusten auf die Brust, als wären Sie ein Gorilla im Dschungel Afrikas. Vor Kraft strotzend und frei. Gut für die Thymusdrüse. Nach dem Duschen kräftig abrubbeln, bis die Haut leicht gerötet ist. Dann klopfen Sie die Arme mit der hohlen Hand ab. An der Außenseite nach oben. An der Innenseite von der Achsel bis zur Hand. Wiederholen Sie fünfmal. Klopfen Sie dann auch Ihre Beine mit der flachen Hand ab. Dann eincremen und einmummeln. Wenn Ihr Baby wach ist, geht es raus auf einen Spaziergang. Sie werden sehen, danach fühlen Sie sich besser. Versprochen.

Mit Monotonie so ruhig wie nie

Ich befinde mich in Rajasthan im Norden Indiens. Es ist heiß. Sehr heiß. Das Wasser ist knapp und ich beobachte einige Frauen, die anmutig mit Wasser befüllte Tonkrüge auf ihren Köpfen nach Hause tragen. Eine Mutter trägt ihr Baby auf dem Rücken in einem Tragetuch. Es scheint zu schlafen. Das kleine Bündel wiegt sich mit den Schritten von Mama sanft hin und her. Gleichmäßig, rhythmisch, ruhig. Beim Betrachten der kleinen Karawane werde ich selbst ganz ruhig. Ich lasse mir sagen, dass die indischen Mütter ihren Gang verlangsamen, wenn ihr Baby schläft. Wow! Und das sogar noch mit einem schweren Gewicht auf dem Kopf.

Eine andere Szene. Ich bin in Jaisalmer, der goldenen Stadt. Bei über 40 Grad sehe ich Mütter, die am Straßenrand ihren Babys Luft zufächeln und sie auf ihren Beinen hin- und herwiegen. Sie singen dazu Mantras, einfache Wörter, die stetig wiederholt werden. Sprache und Dialekt sind unbedeutend, sie verlieren sich im Klang.

Beide Szenen verfolgen die gleiche Idee. Durch rhythmische, gleichmäßig wiederkehrende Bewegungen werden Babys sanft in den Schlaf gewiegt. Egal, wie aufgedreht und energiegeladen sie waren, nach wenigen Minuten verschwimmen die bisher wichtigen Eindrücke und machen Platz für Ruhe und Entspannung. Das ist auch das Ziel unseres »Monotonie«-Programms, das abgerundet wird durch einen ausgiebigen Entspannungsteil für Mama.

Der Fokus des »Monotonie«-Programms liegt auf hypnoseartigen, immer wiederkehrenden Abfolgen, die eine beruhigende Wirkung haben. Es werden Verspannungen gelöst, die sich aufgrund langer Schreiphasen oder einseitige Bewegungen gebildet haben können. Das Ritual wird mit sanften Streichungen beendet, sodass der Atem ungehindert fließen und den kleinen Körper mit Ruhe und Kraft versorgen kann. Sie benötigen hier kein Massageöl und Ihr Kind kann angezogen bleiben. Daher eignet es sich auch sehr gut als Betthupferl direkt vor dem Schlafen.

Schritt 1: Wärmende Hände auf Adipati

Am höchsten Punkt des Kopfes liegt Adipati, ein besonderer Vitalpunkt, der das Nervensystem beruhigt und harmonisiert. Haben Sie sich auch schon dabei beobachtet, wie Sie Ihrem Baby sanft übers Köpfchen streichen? Intuitiv wird dabei dieser Beruhigungspunkt angesprochen. Und wir machen ihn uns zum Einstieg in das »Monotonie«-Programm zunutze. Sie legen die Hände zärtlich um das Köpfchen Ihres Babys, die Finger oben auf Adipati. Kommen Sie zur Ruhe.

Dann suchen Sie sich eine der beiden Bewegungsabfolgen heraus, die Ihnen gefällt. Sie sollten bei einer Variante bleiben. Am Anfang kann Ihr Baby noch Schwierigkeiten haben, sich darauf einzulassen. Dann gilt es dranzubleiben. Zu den monotonen Bewegungen passt hervorragend das Engel-Gedicht in Endlosschleife.

Gedicht eines unbekannten Autors
Mein kleiner Engel. Schlaf nun ein.
Ich werde immer bei dir sein.
Egal ob nah. Egal ob fern.
Denk daran: Ich hab dich gern.
Träum süß. Mein kleiner Engel. Schlaf nun ein … :||

Stirn ausstreichen   Sie legen den Daumen auf den Punkt zwischen die Augen. Halten Sie Ihre Finger so, dass Sie das Sichtfeld des Kindes nicht einschränken. Jetzt streichen Sie mit der Fingerkuppe nach oben bis zum Haaransatz, dann runter bis zur Nasenspitze und wieder zum Ausgangspunkt zurück. Etwa fünfzigmal wiederholen.

Ohren ausstreichen   Sie streichen beide Ohren gleichzeitig entlang der Ohrmuschel und des Nackens bis zum Schlüsselbein aus. Sie rahmen dazu mit Zeige- und Mittelfinger das Ohrläppchen ein. Etwa fünfzig Wiederholungen.

Hände auf Adipati

Stirn ausstreichen

Ohren ausstreichen

Spiralen

Ganzkörperstrich

Schritt 3: Rückenmassage

Sie sitzen bequem im Bett oder auf der Couch, Ihr Baby liegt bäuchlings auf Ihrem Schoß.

Spiralen Legen Sie Daumen und Zeigefinger auf den Nacken und massieren Sie mit lockernden und kreisenden Bewegungen etwa fünfmal auf der Stelle. Dann wie in einer Spirale ein Stück weiter nach unten rücken und wieder massieren. So lange rechts und links entlang der Wirbelsäule wiederholen, bis Sie beim Po angekommen sind.

Twist Legen Sie die linke Hand auf den Nacken und die rechte direkt daneben. Nun schiebt sich die linke Hand zu Ihnen nach hinten und die rechte von Ihnen weg nach vorn. Beide Hände umschlingen das Baby seitlich, bevor Sie zurück zum Ausgangspunkt gleiten. Auch diese Technik können Sie den ganzen Rücken entlang wiederholen.

Wackelpudding Sie legen die Hände nebeneinander auf den Rücken und lassen sie leicht hin-und-her-vibrieren. Bis fünf zählen und dann an einer anderen Stelle wiederholen.

Schritt 4: Ganzkörperstrich

Legen Sie eine Hand auf den Po, die andere in den Nacken. Streichen Sie den gesamten Rücken vom Nacken bis zum Po mit einem kräftigen Zug aus. Fünfmal. Dann umfassen Sie mit einer Hand beide Füße und verlängern den Ganzkörperstrich vom Kopf bis zu den Füßen.

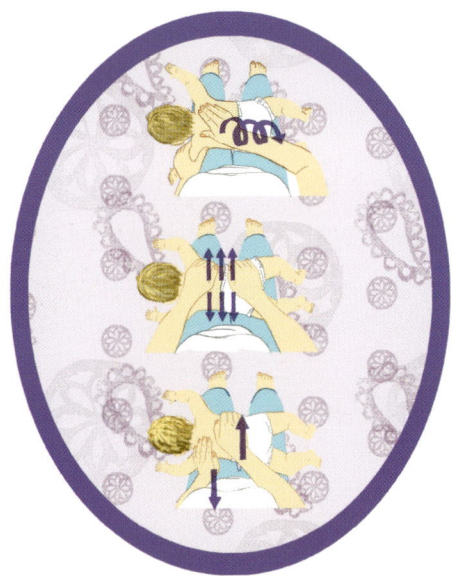

Entspannungstipp für Eltern: »Zug-Atmung«
Eine regenerierende Atemtechnik bei der Massage: Sie starten den ersten Massagestrich mit einem lauten F beim Ausatmen. Den zweiten mit einem schlangenartigen S. Den dritten mit einem zischenden Sch. Alles fünfmal wiederholen. Der Zug setzt sich in Bewegung. Es wird schneller. Sie verdoppeln nun die Laute und sagen zweimal hintereinander F-F, S-S, Sch-Sch … Danach wird es rasant. Der Zug geht in die Maximalgeschwindigkeit und Sie wiederholen dreimal F-F-F, S-S-S, Sch-Sch-Sch.

Schritt 5: Freie Atmung

Zwei abschließende Techniken, die eine freie Atmung und die Regeneration fördern.

Schwimmendes Herz   Da diese Technik aussieht wie eine Kombination aus einem Herz und einer Schwimmbewegung, habe ich sie »Schwimmendes Herz« genannt. Reiben Sie Ihre Handflächen warm und legen Sie sie sachte übereinander auf die Brust Ihres Babys. Konzentrieren Sie sich erst mal auf Ihre Atmung. Wenn Sie ganz ruhig sind, zeichnen Sie mit den Händen ein großes Herz auf Brust und Oberkörper. Von der Brustmitte über die Seiten und zurück zur Brustmitte. Fünfmal. Damit Sie die Technik besser erkennen können, haben wir Theo ausgezogen. Sie können Ihr Baby aber angezogen lassen und dabei vielleicht auch Ihre Hände unter den Body legen.

Halbmond   Sie legen die rechte Hand auf die linke Hüfte und streichen bogenförmig nach oben bis zur Achselhöhle. Sobald die Hand oben ist, startet die andere von der rechten Hüfte und geht zur linken Achselhöhle. Lassen Sie eine gleichmäßige Bewegung entstehen, jeder Bogen etwa fünfmal. Zum Abschluss ruhen Ihre Hände noch mal auf der Brust des Kindes, bevor Sie sie langsam und behutsam wegnehmen.

Hierzu passt sehr gut das Lied »Der Mond ist aufgegangen«. Ich finde es wundervoll, wie viel Ruhe und Zuversicht dieses Gute-Nacht-Lied von Matthias Claudius vermittelt. Schließlich geht der Mond jeden Abend wieder auf und die Sterne blinken am Himmel. Heute, morgen und zu jeder Zeit. Egal, was auf der Erde passiert.

Der Mond ist aufgegangen — Matthias Claudius, 1773

Der Mond ist auf-ge-gan-gen, die gold-nen Stern-lein pran-gen am Him-mel hell und klar. Der Wald steht schwarz und schwei-get und aus den Wie-sen stei-get der wei-ße Ne-bel wun-der-bar.

Schwimmendes Herz 1

Schwimmendes Herz 2

Halbmond

Augen verdecken

Mudra Energiefluss

Mudra Visionär

Relax-Zeit für mich: Mudras & Meditation

Manchmal kann man sich vor lauter Müdigkeit kaum noch konzentrieren und fühlt sich total erschöpft. Dann sind Mudras bestens geeignet, zur Ruhe zu kommen und den Akku wieder aufzuladen. Mudras sind spezielle Fingerhaltungen, die sich seit Jahrtausenden bewährt haben. Hier meine vier Lieblingsmudras, die ich gern durch eine Meditation ergänze: Atmen Sie tief in den Bauch ein und spüren Sie, wie er sich nach außen wölbt, um neue Energie aufzunehmen. Bei der Einatmung denken Sie die Silbe »SO«. Bei der Ausatmung wölbt sich der Bauch wieder nach innen und alles Belastende verlässt Ihren Körper. Dabei denken Sie die Silbe »HAM«. Versuchen Sie, im Fluss zu bleiben: Ein-Aus. SO-HAM. SO-HAM.

Mudra Energiefluss   In jedem auch noch so übermüdeten und verunsicherten Elternwesen fließt eine unbändige Energie. Sie können sie spüren, wenn Sie die Hände aneinanderreiben und sie in einem Abstand von etwa einem Zentimeter aneinanderhalten. Kommen Sie zur Ruhe, lassen Sie Ihre Gedanken ziehen und beschäftigen Sie sich nur mit Ihrer Atmung (SO-HAM). Danach: Hände auf die Augen, noch intensiver nachspüren.

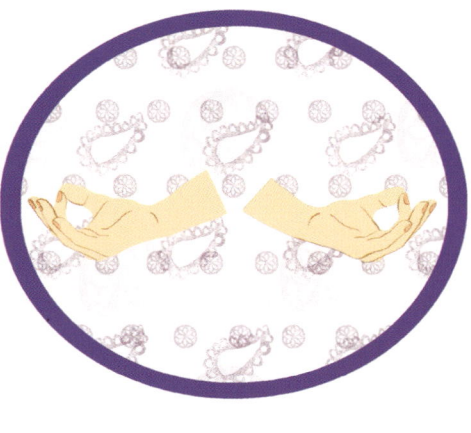

Mudra Visionär   Wenn Sie Ihr Baby einbeziehen wollen, binden Sie sich bunte Tücher um das Handgelenk. Dann hat es was zum Gucken und Sie können sich besser konzentrieren. Setzen Sie sich in den Schneidersitz (oder in den Lotossitz). Legen Sie die Fingerspitzen beider Hände zusammen. Etwa fünfzig Atemzüge halten.

Mudra Ewiger Kreis   Daumen und Zeigefinger liegen aufeinander und formen einen Kreis. Die Handrücken legen Sie locker auf den Knien ab. Etwa fünfzig tiefe Atemzüge halten.

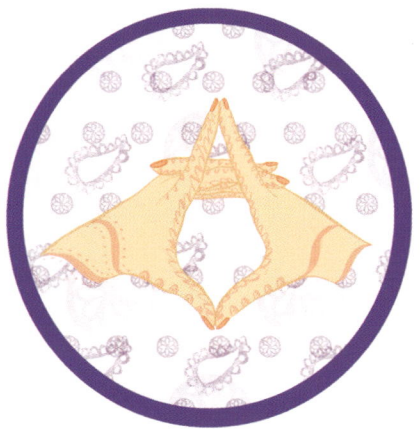

Mudra Blitzableiter   Legen Sie die Zeigefingerspitzen aufeinander, ebenso die Daumenspitzen. Verschränken Sie die übrigen Finger. Legen Sie das Gebilde auf Ihren Bauchnabel, Zeigefinger wie eine Antenne nach oben, und stellen Sie sich vor, dass alles Belastende über diese Spitze Ihren Körper verlässt.

Relax-Zeit für mich: Entspannungsreise nach Rajasthan

Wenn Ihr Baby schläft, gibt Ihnen das die Möglichkeit, wieder zu Kräften zu kommen. Das geht wunderbar mit einer Entspannungsreise, die auf dem innovativen autogenen Training beruht. Entweder jemand liest sie Ihnen vor oder Sie nehmen die Geschichte zum Abspielen auf.

Setz oder leg dich hin, mache es dir gemütlich. Lass deine Gedanken kommen und gehen, ohne dich näher damit zu beschäftigen. Lenke deine Aufmerksamkeit auf deine Atmung. Beobachte deinen Atem, wie er kommt und geht. Du atmest ein und aus … ein und wieder aus … Das passiert ganz von allein. Mit jeder Einatmung versorgst du deinen Körper mit neuer Energie. Mit jeder Ausatmung verlässt alles Alte und Belastende deinen Körper. Du bist vollkommen ruhig und entspannt. Ruhig … und entspannt … Dann stell dir einmal vor, du bist in Indien. Es ist heiß. Sehr heiß. Die Luft fühlt sich so feucht an, als wärst du in einem Dampfbad. Deine Wangen sind gerötet und gut durchblutet, so warm ist dir. Du fühlst die Wärme durch deinen ganzen Körper strömen, von deinen Händen bis zu deinem Nacken, zu Brust und Schultern, über den Rücken bis hin zu Bauch und dem Gesäß. Wie eine Welle strömt die Wärme weiter über deine Beine und Füße bis zu den Zehen. Ein wohltuendes Gefühl von Entspannung macht sich in dir breit. Du fühlst dich ruhig.

Du befindest dich im zauberhaften Rajasthan und hast eine märchenhafte Stadt zu Fuß erkundet. Im Abendlicht sehen die filigranen Gebäude aus der Zeit der Maharadschas aus, als wären sie mit einem Goldschimmer überzogen. Die schwüle Abendluft erfüllt sich mit den Geräuschen der Händler in den Straßen. Überall Farben. Rot, Blau, Pink, Orange und vor allem Gold. Frauen tragen ihre besten Saris und goldene Armreifen an Armen und Fußgelenken. Es ist Diwali, das heilige Fest der Lichter. Tausende Kerzen verbreiten ihr warmes Licht, wohin man auch schaut.

Schöner könnte es kaum sein, denkst du. Doch dann siehst du ihn. Mali, den indischen Tempelelefanten. Liebevoll wurde er geschmückt und mit leuchtenden Ornamenten bemalt. Stark und anmutig wirkt er auf dem Weg zur abendlichen Tempelprozession. Du denkst dir: Kein Wunder, dass der Elefant in vielen Kulturen als Symbol für Kraft und Macht verehrt wird. Er ist friedlich, schwer und imposant … Beim Betrachten des Festzugs wirst du plötzlich müde. Du merkst, dass du viel gelaufen bist. Deine Beine und Füße fühlen sich schwer an vom vielen Gehen. Deine Schultern und Arme sind schwer vom Tragen des Gepäcks. Dein ganzer Körper ist schwer, warm und entspannt … warm, schwer und entspannt. Dein Atem geht gleichmäßig und ruhig, wie der Tritt des sanften Dickhäuters vor dir. Du fühlst dich wohl … Zeit zum Weitergehen. Du spürst vielleicht Lust zum Gähnen, streckst und reckst dich und kommst langsam wieder ins Hier und Jetzt zurück.

Leichter zahnen

Wohlfühlrituale
ab der 16. Woche

Jedes Kind zahnt anders

Deine Hände sind verschwunden …

Ei, da sind die Hände wieder …

Mein kleiner Sohn ist jetzt vier Jahre alt und vor ein paar Tagen hat er seinen ersten Milchzahn verloren. Ziemlich früh, dachte ich. Meine Zahnärztin hat mich aber beruhigt, er ist ein Früh-Zahner, bei ihm glänzten schon im Alter von sechs Monaten die ersten vier Milchzähne. Es gibt sogar Babys, die mit ein oder zwei Milchzähnen zur Welt kommen. Andere bekommen den ersten Zahn mit einem Jahr oder später.

Bei der Geburt sind die Zähne schon angelegt und ab dem vierten Monat geht es meist mit dem Zahnen los. Die Zähne arbeiten sich nach oben ins Zahnfleisch, dieses Einschießen dauert pro Zahn etwa ein bis zwei Monate. Normalerweise kommt ein Zahn nach dem anderen, es gibt aber auch Kinder, wie meinen jüngeren Sohn, bei denen Gruppen von zwei bis drei Zähnen auf einmal durchbrechen. Bei vielen Kindern ist nach sechs Monaten der erste Zahn zu sehen. In den meisten Fällen brechen die zwei mittleren Schneidezähne zuerst durch, unten oder oben. Dann folgen die äußeren Schneidezähne. Die Zähne, die zuerst kommen, fallen im Regelfall auch zuerst wieder aus. Das eigentliche Durchbrechen ist oft mit weniger Schmerzen verbunden als das Einschießen der Zähne.

Woran erkennt man, dass das Zahnen losgeht?

Bei jedem Kind verläuft die Zahnungsphase individuell. Manche Babys sind schmerzempfindlicher als andere. Folgende Symptome gibt es:
- Vermehrter Speichelfluss.
- Das Baby steckt alles Greifbare in den Mund und kaut darauf herum, am liebsten die eigenen Finger und Hände.
- Leicht gerötete und heiße Wangen, manchmal sogar erhöhte Temperatur.
- Dünner Stuhlgang, wunder Po. Manche leiden auch unter Verstopfungen.
- Das Baby quengelt, ist unruhig, mit nichts zufrieden. Einfach schlecht drauf.
- Die Abendstunden gestalten sich aufgrund von Unruhe schwierig. Das Baby braucht länger, um einzuschlafen, und wacht nachts öfter auf.
- Es hat weniger Appetit.
- Das Baby ist sehr anhänglich und kuschelbedürftig.

Zahnungshilfen

In Frankreich greifen viele Eltern zur Zahnungsgiraffe »Sophie« aus Naturlatex. Im osteuropäischen Raum gibt es als Geburtsgeschenk oft handgefertigte Greiflinge mit großen Holz- und Stoffperlen. Beißringe gibt es in schier unendlichen Formen, Oberflächen und Varianten. Mit Wasser oder Eisgel befüllt können sie in den Kühlschrank gelegt werden und sorgen dann beim Draufrumkauen für einen angenehmen Kühlungseffekt. Vorsicht aber: Es sollten keine Weichmacher enthalten sein. Oder Sie greifen auf einen im Kühlschrank gekühlten Löffel, einem hölzernen Kochlöffel, einen Brotkanten oder eine geschälte Gurke zurück. Ich habe allerdings in meinen Kursen oft erlebt, wie sich Kinder verschluckt haben. Wenn Sie Lebensmittel verwenden, ist es daher wichtig, dass Sie immer dabeibleiben. In England stehen »Mesh Feeder« (Fruchtsauger) hoch im Kurs, die man mit gekühlter Gurke oder eisgekühlten roten Beeren befüllen kann. Vom Dauernuckeln an etwas Süßem oder am Trinkfläschchen ist abzuraten – Kariesgefahr.

Ein bewährtes Hausmittel ist die Veilchenwurzel. Sie setzt beim Kauen schmerzlindernde Inhaltsstoffe frei. Idealerweise binden Sie die Wurzel an ein Band oder die Schnullerkette und klippen diese am Ärmel fest, sodass das Kind gut drankommt und keine Strangulierungsgefahr besteht.

Um Ihr Baby beim Zahnen zu unterstützen, gibt es hier nun drei Wohlfühlrituale mit unterschiedlichem Fokus: Ablenken, Schmerzen ausstreichen, Akupressur. Alle drei Programme vermitteln Trost und viel Nähe sowie positive Erlebnisse. Und um mal auf andere Gedanken zu kommen, wie wär's mit einem spielerischen Lied?

Meine Hände sind verschwunden,
ich habe keine Hände mehr.
Ei, da sind die Hände wieder,
tralla la la la la la.
(wiederholen und andere Körperteile
verstecken)

Meine Hände sind verschwunden   Traditionell

1. Mei - ne Hän - de sind ver - schwun - den, ich ha - be kei - ne Hän - de mehr.

Ei, da sind die Hän - de wie - der, tra la la la la la la.

Gib mir fünf!

Vor mir im Kurs sitzen zwei Babys: Mia, sechs Monate, und Emil, acht Monate alt. Beide sind in der Zahnphase. Mia kaut gedankenverloren auf ihren Fingern herum und Emil probiert aus, wie weit er seine Faust in den Mund stecken kann. Intuitiv machen die beiden genau das, was ihnen guttut. Sie erzeugen einen Druck auf den Kiefer, der den Zahnungsschmerz und das Spannungsgefühl lindert. Außerdem massieren sie damit das Zahnfleisch, sodass sich der Zahn schneller durchschieben kann.

Wie man an den zahnenden Kids erkennen kann, kommt in dieser Phase dem Thema Finger, Hände und Arme große Bedeutung zu. Auch brauchen die Kleinen gerade in dieser Zeit Mamas und Papas Arme zum Trösten, Auffangen und Halten. Daher habe ich dieses Zahnungs-Wohlfühlprogramm »Gib mir fünf« genannt.

Ähnlich wie bei den Dreimonatskoliken können auch Eltern beim Zahnen auf dem Zahnfleisch gehen. Vor allem abends, wenn Ruhe einkehrt, wird den Kleinen oft bewusst, dass ihnen was wehtut. Dann kann schon mal die eine oder andere Nacht damit verbracht werden, ein jammerndes und klagendes Baby zu beruhigen. Umso wichtiger ist es, auch mal etwas für sich zu tun und an sich selbst zu denken. Vielleicht gönnen Sie sich eine Latte Macchiato in Ihrem Lieblingscafé, ein Nickerchen, während die Hausarbeit ruht, oder ein Hand-Verwöhnprogramm: Dies startet mit einem wohltuenden Handbad und wird fortgesetzt mit einer Eigen-Handmassage, die Sie wieder mit Kraft und Energie versorgt. Sie wird genauso gemacht wie die Massage der Kinderhände, die ich Ihnen im Abschnitt »Handmassage« vorstelle. Außerdem: Nutzen Sie Powerfood, das bei Schlaflosigkeit und Stress gut unterstützen kann – Nüsse und Beeren aller Art. Zum Beispiel als Studentenfutter für zwischendurch.

Das Wohlfühlritual »Gib mir fünf« verfolgt das Ziel, die Muskulatur im Nacken und an den Schultern zu lockern, weil sich die kleinen Mäuse bei Zahnungsschmerzen in diesen Bereichen oft verspannen. Außerdem gibt es spielerische Massagen spezieller Akupressurpunkte und Reflexzonen.

Wärmende Hände

Turn

Twist

Schritt 1: Wärmende Hände

Setzen Sie sich mit gestreckten Beinen mit Ihrem Baby auf den Boden, zum Beispiel auf eine Matte oder den Teppich. Lehnen Sie Ihren Rücken an der Wand oder an einem Stuhl an. Sorgen Sie dafür, dass Sie bequem sitzen, Sie können sich auch ein Kissen unter die Knie schieben oder sich auf ein Yoga-Kissen setzen. Ihr Kind liegt mit dem Rücken an Ihren Oberkörper gelehnt. Sie umfassen von hinten seine Brust, küssen das Köpfchen und genießen erst mal, wie herrlich Ihr Baby riecht. Saugen Sie den Duft bei Ihrer nächsten Einatmung förmlich in sich auf. Versuchen Sie, ihn mit Ihrem gesamten Herzen aufzunehmen und wie einen Schatz in Ihrer Erinnerung zu behalten. Lassen Sie Ihren Atem ruhiger werden und genießen Sie den Kontakt zu Ihrem Baby. Wenn Sie beide bereit sind, geht es los mit einer Beruhigungsmassage für die Arme und Beine.

Schritt 2: Twist and Turn

Dreh-Schraubgriff (Twist) zum Handgelenk hin Lassen Sie sich von Ihrem Kind den Daumen Ihrer linken Hand greifen. Ihre rechte Hand umgreift von oben die Schulter und »schraubt« sich nun in einer Drehbewegung nach unten in Richtung des Handgelenkes. Fünfmal. Stellen Sie sich vor, wie Sie die Zahnungsbeschwerden Ihres Babys mit dieser Bewegung förmlich aus dem Körper herauswringen und die Schmerzen dann über die Hände abfallen.

Ausroll-Technik (Turn) zum Handgelenk hin Jetzt legen Sie beide Hände um die Schulter, der Arm des Babys ist zwischen Ihren flachen Händen. Diese rollen nun den Arm nach unten in Richtung der Finger aus und lockern dabei die gesamte Muskulatur.

Diese beiden Techniken können Sie am anderen Arm und an den Beinen fortsetzen.

Vorübung Rolly Polly

Head & shoulders

Knees & toes

Schritt 4: Arme lockern

Diese Übungen habe ich bei meiner Baby-Yoga-Lehrerausbildung kennengelernt. Seitdem setze ich sie zusammen mit dem Lied »Head and shoulders, knees and toes« bei meinen Kursen mit großem Erfolg ein. Ein Alleskönner an Übung, denn gefördert werden Koordination und Körperwahrnehmung sowie das Erlernen der Sprache und die Gehirnentwicklung. Vielen Dank an dieser Stelle an die Hebamme und Kinderkrankenschwester Liz Doherty für diese tolle Idee. Es braucht zugegebenermaßen etwas Zeit zum Erlernen des Textes und der rhythmischen Bewegungen. Aber Dranbleiben und Ausprobieren lohnt.

Auch hier wird auf das Lockern der Muskulatur gesetzt. Schritt 4 löst Verspannungen des Kopf-, Nacken- und Kieferbereichs. Versuchen Sie, innerlich und äußerlich zu lächeln, und motivieren Sie Ihr Kind zu dieser kleinen »Action-Yeah!-Phase«.

Vorübung   Lassen Sie sich von Ihrem Kind beide Daumen greifen. Lockern Sie seine Arme, indem Sie Ihre Hände und damit auch die Ihres Kindes umeinander drehen. Man nennt dies im Englischen »Rolly Polly«.

Head & shoulders, knees & toes   Nun wird gesungen und entsprechend dem Text werden die Körperteile berührt: Kopf (head), Schultern (shoulders), Knie (knees) und Zehen (toes). Das Gleiche noch mal. Dann wieder rollen wie in der Vorübung, bevor sich die Hände jetzt zu den Augen (eyes) und Ohren (ears), zu Mund (mouth) und Nase (nose) bewegen.

Head and shoulders   **Amerikanisches Kinderlied**

Schritt 5: Handmassage

Zum Abschluss gibt es eine Reflexzonen-Handmassage. Sie geht zurück auf den Arzt William Fitzgerald. Er hat in Studien über die Heilkräfte fernöstlicher Verfahren und Methoden der Ureinwohner Amerikas bestätigen können, dass sich durch Druck auf bestimmte Zonen gezielt Körperteile ansprechen lassen. Gerade Füße, Ohren und Hände haben zahlreiche Punkte, die mit bestimmten Körperstellen in Verbindung stehen. Eine entsprechende Massagetechnik wird seit Jahrtausenden angewendet und hat sich unter anderem zur Stärkung des Wohlbefindens, zur Förderung der Durchblutung und zur Beruhigung von Schmerzen bewährt.

Für eine Entspannung im Kopf-, Nacken- und Kieferbereich massiert man schwerpunktmäßig die Finger. An ihren Außenseiten verlaufen die Energiebahnen. Das ist wie ein Straßennetz. Wenn ein Unfall passiert, kann es einen Stau geben, der Verkehr fließt schlecht. Auch beim Zahnen kommt es zu Blockaden, sodass die Energie stecken bleibt. Die Massage bringt alles wieder in Fluss.

Handgelenksmassage Umfassen Sie das Handgelenk Ihres Kindes wie einen Ring mit Daumen und Zeigefinger. Drehen Sie nun diesen Ring wie bei der Twist-Massagetechnik hin und her.

Handinnen- und -außenflächen massieren Streichen Sie über die Handaußenseite und wenn sich das Händchen schon öffnen lässt, auch über die Handinnenfläche. Falls der Greifreflex noch stark ist, legen Sie den Daumen in die Handfläche und massieren mit ihm kreisförmig auf der Stelle.

Finger massieren Nun massieren Sie jeden Finger einzeln, indem Sie an zwei bis drei Stellen sanft drücken. Am besten an der Außenseite der Finger, doch kleine Kinder sind so sensibel, dass Sie auch von oben und unten drücken können. Dann massieren Sie die Zwischenräume der Finger, indem Sie mit Daumen und Zeigefinger kreisen. Am Schluss noch mal jeden Finger im Dreh-Schraubgriff (Twist) zwischen Ihrem Zeigefinger und dem Daumen zu den Fingernägeln hin ausstreichen.

Fingerreim
Das ist der Daumen,
der schüttelt die Pflaumen,
der hebt sie auf,
der trägt sie nach Haus
und der Kleine isst sie alle auf.
(für jede Zeile einen Finger
massieren)

Handinnen- und -außenflächen
massieren

Handgelenksmassage

Finger massieren

Fitnesszeit für mich: Yoga-Flow

Diese Übung stärkt Beckenboden, Bauch und Rücken und entspannt herrlich. Ein Flow ist eine Abfolge verschiedener Körperhaltungen (im Yoga: Asanas), bei der die Atmung gezielt eingesetzt wird. Um sich mit den Asanas vertraut zu machen, halten Sie jede Position für drei bis fünf Atemzüge, bevor Sie den Ablauf im Atemrhythmus machen. Dieser Flow stammt von meiner Yoga-Lehrerin Lisa Uhlig. Danke.

Vorübung Beckenschaukel   Sie legen sich in Rückenlage auf eine Übungsmatte oder den Boden. Ihr Baby kann neben Ihnen liegen. Ihre Beine sind aufgestellt, die Knie hüftbreit geöffnet. Die Arme liegen neben dem Körper, Handflächen nach unten. Mit der Einatmung kippen Sie das Becken so, dass sich Ihr unterer Rücken in die Unterlage schmiegt. Ziehen Sie Ihr Schambein etwas zu sich heran. Mit der Ausatmung die Spannung lösen. Das Becken gleitet in die Ausgangsposition zurück, der untere Rücken löst sich leicht von der Matte. Wiederholen Sie dies fünfmal im Rhythmus Ihrer Atmung und nehmen Sie bewusst die sanften Impulse auf die Wirbelsäule wahr. Die folgenden Positionen üben Sie nun in einem gleichmäßigen Fluss.

Brücke   Die Beine bleiben aufgestellt. Mit der nächsten Einatmung kippen Sie das Becken wieder so, dass sich Ihr unterer Rücken in die Unterlage schmiegt, der Bauch spannt sich an. Noch in der Einatmung heben Sie das Becken langsam nach oben an, bis Oberkörper und Oberschenkel eine Linie bilden. Mit der Ausatmung lassen Sie sich Wirbel für Wirbel zurück zur Unterlage sinken. Fünf Wiederholungen.

Bär Wieder Ausgangsposition. Mit der kommenden Einatmung heben Sie Arme und Beine möglichst gestreckt nach oben in die Haltung des Bären. Schultern und Kreuzbein bleiben auf der Unterlage. Die Hand- und Fußflächen zeigen zur Decke.

Happy Baby Mit der nächsten Ausatmung wechseln Sie in die Asana Happy Baby. Dabei beugen Sie die Knie in Richtung der Achseln und umgreifen mit den Händen die Füße. Sie atmen ruhig ein und wechseln mit der nächsten Ausatmung in die nächste Position, den Schmetterling.

Schmetterling Stellen Sie die Füße nah zusammen auf die Matte und lassen Sie die Knie nach außen sinken. Strecken Sie die Arme hinter den Kopf und Ihre Hände ins Sampurna-Mudra, die Geste des Loslassens: Hände zusammen, Finger verschränkt, bis auf die Zeigefinger, die gestreckt von den Händen wegzeigen. Bleiben Sie in dieser Position für eine Einatmung. Bei der nächsten Ausatmung spannen Sie den Beckenboden an, schließen durch seine Kraft die Beine wieder, stellen die Füße hüftbreit auf und legen die Arme wieder seitlich ab. Wiederholen Sie diesen gesamten Flow fünfmal.

Fließen & Genießen

Wir befinden uns irgendwo, irgendwann auf einer der vielen tropischen Inseln im Indischen Ozean. Am Horizont sind Handelsschiffe zu sehen. Sie transportieren kostbare Gewürze auf dem Seeweg nach Europa, zum Beispiel die Gewürznelke. Ob sie dort wohl einem zahnenden Kind helfen soll?

Die Gewürznelke ist bei uns hauptsächlich aus der Weihnachtsbäckerei bekannt. In anderen Regionen dient sie das ganze Jahr über als wertvolle Heilpflanze. Ihre ätherischen Öle enthalten den Botenstoff Eugenol, der entzündungshemmend, antiseptisch und anästhesierend wirkt. Bei Zahnbeschwerden hilft sie Menschen in unzugänglichen Regionen als Trostpflaster und überbrückt die Zeit, bis man zum Zahnarzt kommt. Wie ein Zahnungsgel wirkt sie betäubend und schmerzlindernd.

Nelkenaufguss und »Wasserkur«

Für Zahnungsbeschwerden können Sie einen Gewürznelkentee ansetzen und damit das Zahnfleisch massieren. Sie übergießen 1 EL Kamillenblüten und 2 Gewürznelken mit 100 ml kochendem Wasser. (Machen Sie vorher den Wassertest: Gute Nelken bleiben senkrecht im Wasser stehen und tauchen dann ab. Schlechte schwimmen an der Oberfläche.) Den Tee 10 Minuten ziehen lassen, abseihen, abkühlen lassen und in den Kühlschrank stellen. Bei Bedarf mit einem Waschlappen, einem Tuch oder dem (sauberen) Finger in die Kauleiste massieren. Auch eine Myrrhetinktur aus Apotheke oder Reformhaus eignet sich (verdünnt) zur Zahnfleischmassage.

Mein persönlicher Favorit beim Zahnen ist ein Frotteewaschlappen, den man in eiskaltes Wasser taucht und dem Kind zum Draufrumlutschen gibt. Wasser kann beim Zahnen den Schmerz abtransportieren, weil es kühlt und beruhigt. Genauso ist es mit einer »Flussmassage«, die Schmerzen und Verspannungen aus dem Körper streicht.

Das Programm »Fließen und Genießen« sorgt für ein Abfließen der Schmerzen durch eine strömende Massage und entsprechende Bewegungsspiele. Unserem menschlichen Schildkrötenpanzer, der Wirbelsäule, kommt dabei eine große Bedeutung zu. In der Gebärmutter war der Rücken des Babys in ständigem Kontakt mit der Mama. Daher empfinden es Babys in »Grenzsituationen«, wie beim Zahnen, als sehr angenehm, am Rücken berührt zu werden – und das machen wir hier. Für die »Flussmassage« benötigen Sie Massageöl, damit Ihre Hände gut über die Babyhaut gleiten.

Wärmende Hände – Heben und Senken

Buchseiten glätten 1

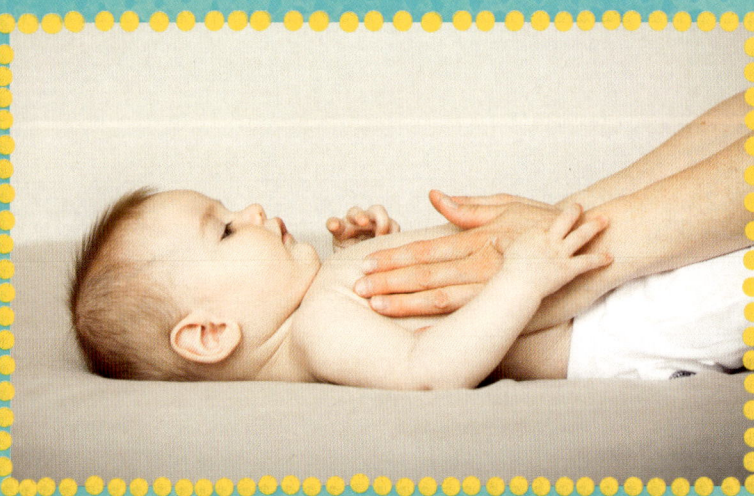

Buchseiten glätten 2

Schritt 1: Wärmende Hände beim Heben und Senken

Ihr Kind liegt vor Ihnen auf dem Rücken, vielleicht auf dem Wickeltisch. Legen Sie Ihre Hände parallel nebeneinander unter den Rücken und umfassen Sie den Hinterkopf. Dann beschreiben Sie Ihrem Baby, was Sie vorhaben, mit motivierender, zuversichtlicher Stimme. Versuchen Sie, zur Ruhe zu kommen und sich auf Ihr Baby zu konzentrieren. Diese fünf Minuten Wohlfühlzeit gehören nur Ihnen beiden. Nichts sollte Sie stören. Lassen Sie Ihre Gedanken kommen und gehen, aber beschäftigen Sie sich nicht damit … Heben und senken Sie Ihr Baby nun mit sanften Bewegungen. Beim Hochgehen kann es ein Küsschen mit der Nase geben. Oder Sie flüstern Ihrem Schatz etwas ins Ohr.

Schritt 2: Buchseiten glätten

Dieses Ausstreichen weitet den Brustkorb und kann die Atmung vertiefen: Reiben Sie Ihre Hände warm. Dann legen Sie die Handflächen wie beim Beten aneinander und auf die Brust des Kindes. Nun öffnen Sie die Hände beginnend mit dem kleinen Finger, so als wollten Sie die Seiten eines Buches glätten. Streichen Sie ganz langsam die gesamte Brust von der Mitte bis zu den Schultern zur Seite hin aus. Lösen Sie eine Hand nach der anderen, um die Bewegung zu wiederholen. Fünfmal.

Tipp vom Kinderarzt

Die viel gebrauchten Osanit-Kügelchen sind ein homöopathisches Komplexmittel, sozusagen ein Breitband-Homöopathikum, das selten spezifisch hilft. Man beobachte besser die individuellen Symptome: Wenn ein eher behäbiger, gutmütiger Säugling sich langsam entwickelt und die Zähne später als bei anderen Kindern kommen, kann die Gabe von Calcium carbonicum fürs Zahnen, aber auch die gesamte Entwicklung förderlich sein. Ganz anders, wenn das Baby Chamomilla braucht. Dann sind die Eltern am Ende ihrer Kräfte, die Nerven liegen blank: Das Kind kreischt, hat vielleicht spinatgrünen Durchfall und einseitig eine rote Wange. Ein drittes Mittel ist Silicea: Das Kind ist eher schwach, dünnhäutig und feingliedrig und kämpft häufig mit Verstopfungen und übel riechenden Winden/Stuhl. Auch hier setzt die Zahnung erst spät ein und erfolgt langsam, wie auch die übrige Entwicklung des Kindes etwas länger braucht.

Schritt 3: Oberkörper ausgleichen

Geben Sie reichlich Massageöl auf den Oberkörper des Babys. Bei Bedarf erneuern.

Überkreuz-Griff Legen Sie beide Hände auf die Hüften Ihres Babys, sodass die Fingerspitzen in Richtung Herz zeigen. Jetzt gleitet Ihre rechte Hand von der linken Leiste bis zur rechten Schulter, umgreift sie und streicht dann wieder zurück. Das Ausstreichen sollte fest und gleichmäßig sein. Wenn das »sitzt«, nehmen Sie Ihre linke Hand mit dazu. Diese startet, kurz bevor die rechte Hand an der linken Leiste angekommen ist. Mit der gleichen kraftvollen Bewegung streichen Sie von der rechten Hüfte des Babys zur linken Schulter. Rechte und linke Hand wechseln sich ab, flüssig und rhythmisch, jede Seite mindestens fünfmal.

Ganzkörperstrich Streichen Sie den gesamten Körper vom Köpfchen bis zu den Füßen sanft aus. Beim Herunterstreichen atmen Sie selbst kräftig durch den Mund aus. Die Hände abwechselnd zum Kopf zurückführen. Eine Hand hat immer Körperkontakt. Fünfmal.

Doppelgriff Legen Sie Ihre linke Hand auf die rechte Hüfte des Kindes und die rechte Hand auf die gegenüberliegende Schulter. Beide Hände bewegen sich nun in einer geraden Linie, parallel zur Körperachse. Während die eine Hand nach oben streicht, gleitet die andere nach unten, ein gleichmäßiger Rhythmus. Sie üben keinen Druck aus, es ist aber ein kräftiger Strich. Fünfmal.

Tipp vom Kinderarzt
Kleine Menschenkinder sind »Traglinge«, sie wollen und sollen viel herumgetragen werden. Das geht durch viele heutige Alltagsgewohnheiten, etwa Bettchen, Kinderwagen und Maxi-Cosi-Sitz, verloren. Doch wer trägt, gibt Halt – und Babys brauchen Halt. Es gibt vielfältige Arten, das Kind zu tragen, immer stärkt es die Sinne, das Lagegefühl im Raum und nicht zuletzt Sicherheit und Vertrauen. Auch Tragetücher und andere Tragehilfen sind sehr zu empfehlen – Angst vor einer Überbelastung des kindlichen Rückens ist unbegründet, eher muss die oder der Tragende aufpassen. Zugleich: Manche Kinder wollen öfter ihre Ruhe im eigenen Bett, auch das ist wichtig.

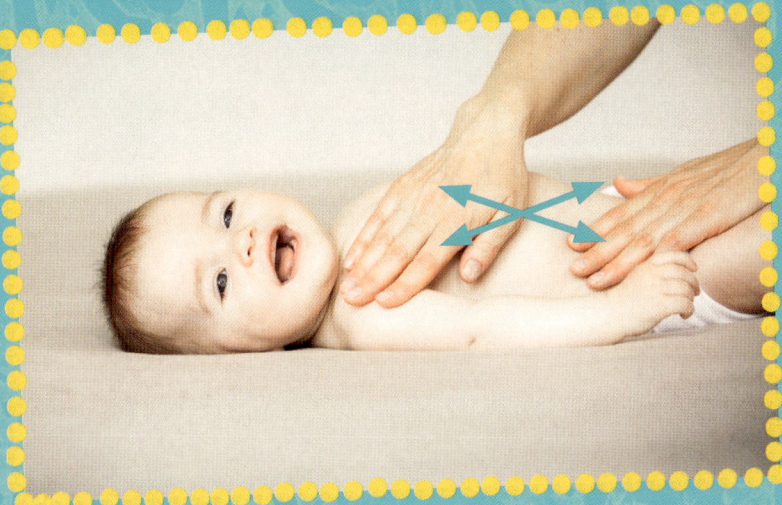

Überkreuz-Griff

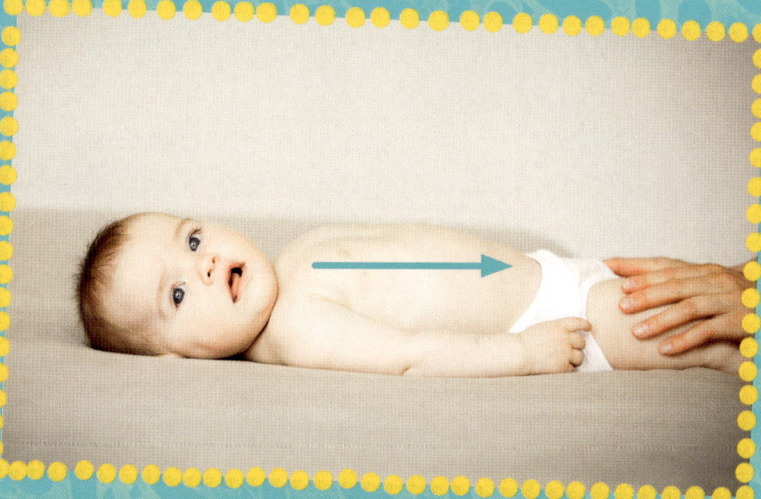

Ganzkörperstrich

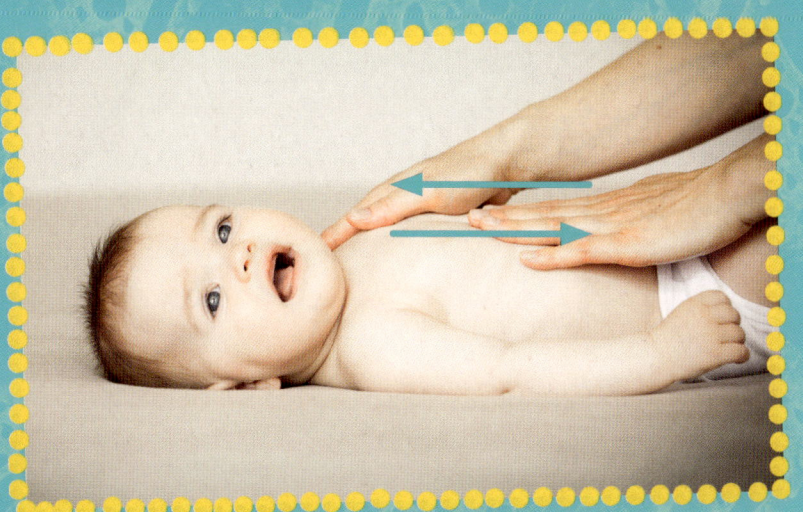

Doppelgriff

Buchseiten glätten

Überkreuz-Griff

Ganzkörperstrich

Doppelgriff

Schritt 4: Rücken ausgleichen

Drehen Sie nun Ihr Baby über die Seite in Bauchlage. Dabei ist es wichtig, dass Sie es miteinbeziehen, indem Sie sagen, was Sie vorhaben und warum. Verteilen Sie dann großzügig Massageöl auf dem Rücken und wiederholen Sie die bereits aus den Schritten 2 und 3 bekannten Massagetechniken: Buchseiten glätten, Überkreuz-Griff, Ganzkörperstrich und Doppelgriff.

Zur Massage passt das indianische Volkslied »The river is flowing«, hier in der deutschen Version: »Die Flüsse, sie fließen«. Ich liebe dieses Lied wegen seiner Zuversicht und der einfachen Erkenntnis, dass alle Flüsse irgendwann ins Meer fließen. Es ist ähnlich wie beim Zahnen: Diese Schmerzen werden irgendwann vorbeigehen, der Lebensfluss fließt weiter. Lassen Sie sich von der Melodie tragen (reinhören können Sie zum Beispiel unter www.wellkin.de), lassen Sie sich selbst beruhigen und massieren Sie betont langsam und rhythmisch fließend. Am Ende geht es mit Vorankündigung wieder zurück in die Bauchlage.

Die Flüsse, sie fließen   **Indianisches Volkslied (The river is flowing)**

Schritt 5: Lass uns schaukeln!

Mit sanften Schaukelbewegungen beenden wir dieses Wohlfühlritual. Das Schaukeln lockert die Muskulatur und macht Mut: Auch Schmerzen kommen und gehen.

Ausgangsstellung Umfassen Sie Unterarme und Unterschenkel Ihres Kindes so, dass es seine Füße mit den Händen erreicht und sich Ellenbogen und Knie berühren. Die Beine fallen locker nach außen und die Fußsohlen liegen aneinander.

Vor- und Zurückschaukeln Von der Ausgangsstellung ausgehend ziehen Sie die Arme des Kindes zu sich heran. Damit geben Sie den Impuls, dass das Kind den Kopf von der Unterlage abhebt, die Beine anzieht und sich rund macht – bis das Kinn die Brust berührt, also kurz vor dem Sitzen. Zurückschaukeln. Wichtig: Der Kopf sollte mitgehen und nicht nach hinten zurücksinken. Fünfmal.

Yoga-Entspannungstipp für Mama und Papa

Das in der Zahnungszeit angesagte Tragen kann für die Eltern ganz schön anstrengend sein. Hier drei Yoga-Übungen zum Lastenausgleich für die Rückenpartie.

Liegende Acht Rückenlage auf einer Übungsmatte. Arme neben dem Körper, Handflächen nach unten. Heben Sie die Knie in Richtung Bauch und zeichnen Sie damit eine liegende Acht. Klein anfangen und größer werden.

Knieschaukel Umfassen Sie Ihre Knie von oben mit den Händen. Bei der nächsten Ausatmung die Beine langsam zum Oberkörper heranziehen. Beim Einatmen langsam zurückbewegen. So lange wiederholen, bis Ihr Atem ruhiger wird.

Krokodil Beine mit hüftbreit geöffneten Knien aufstellen. Die Arme in Schulterhöhe ausbreiten, Handflächen nach unten. Beim Ausatmen die Knie langsam nach links fallen lassen und den Kopf zur rechten Seite drehen. Schultern und Oberarme bleiben auf dem Boden. Für fünf tiefe Atemzüge halten. Bei der nächsten Einatmung zur Ausgangsstellung zurück. Auf der anderen Seite wiederholen. Fünfmal.

Ausgangsstellung

Hin- und Herschaukeln

Vorschaukeln

Zurückschaukeln

Mit Ablenkung zu neuem Schwung

Die Luft ist dünn und das Atmen fällt schwer. Mir ist leicht schwindlig, die Wirklichkeit verschwimmt. Jeder Schritt strengt an und die Müdigkeit wegen der schlaflosen Nächte im Zelt steckt in meinen Knochen. Noch 200 Höhenmeter stehen auf dem Programm und ich frage mich, warum ich das verdammt noch mal eigentlich mache. Das Einzige, was hilft: Ablenkung. Schritte zählen, Ausblicke genießen. Ich bin auf dem Weg zum Gokyo Ri in der Mount-Everest-Region. Als wir den Gipfel endlich erreichen, weiß ich, wofür sich die Anstrengung gelohnt hat. Der Blick über die höchsten Gipfel und auf das Dach der Welt entschädigt für alle Strapazen. Und … so schlimm war es doch auch gar nicht, denke ich mir stolz.

Ähnlich ist es beim Zahnen. Nicht bei allen Babys, denn es gibt die Glücklichen, bei denen über Nacht, einfach so, mir nix, dir nix, eine kleine weiße Zacke zu sehen ist. Schwupp. Der erste Zahn. Aber das ist eher die Ausnahme. Die Regel ist ein schmerzgeplagtes, unruhiges Kind und schlaflose Nächte für alle. Der Zahnungsgipfel scheint unendlich weit. Aber die Mühe wird belohnt. Das alles als »Zahnungsteam« zusammen durchzustehen, verbindet. Außerdem gilt der erste Zahn, ebenso wie das erste Lächeln, der erste Schritt oder das erste Wort, als Meilenstein der Entwicklung, für den sich jede Anstrengung doch im Nachhinein auszahlt.

Die Anlagen der Zähne werden schon sehr früh, nämlich in der fünften Schwangerschaftswoche gebildet, wenn der Embryo erst so groß wie ein Gummibärchen ist. Ich stelle mir die Zahnanlagen so vor wie die türkisfarbene Gletscherwelt am Mount Everest, wo sich täglich Verschiebungen ergeben. Eine Massage wirkt ausgleichend auf die Spannungen im Kieferbereich und die angrenzenden Partien.

Dieses Wohlfühlritual setzt ganz auf die Ablenkung von etwaigen Schmerzen und Unwohlsein, die mit dem Zahnen verbunden sein können. Es stärkt die Eltern-Kind-Bindung, schweißt zusammen und bringt beide Seiten zum Lachen. Im Zentrum steht hierbei der Kopf-, Schulter- und Nackenbereich, der sich in der Zahnungszeit besonders über eine Lockerung freut. Diese wird durch Bewegungsspiele herbeigelockt, die den Kreislauf anheizen und helfen, die Schmerzen abzutransportieren. Auch eine Massageeinheit, inspiriert von der nepalesischen Newar-Tradition, vermittelt Wohlgefühl.

Kopfmassage

Wärmende Hände

Kreiselnde Ohrmassage

Ausstreichen zum Nacken hin

Schritt 1: Wärmende Hände

Setzen Sie sich gemütlich auf den Boden, angelehnt an die Wand oder einen Stuhl. Nehmen Sie Ihr Baby auf Ihre Beine, sodass es sich an Ihren Bauch kuscheln kann. Halten Sie mit der einen Hand die Babyfüße, die andere legen Sie auf das Köpfchen. Versuchen Sie sich vorzustellen, wie sich die wohlige Wärme Ihrer Hände im Körper Ihres Babys ausbreitet. Spüren Sie Ihren Atem und kommen Sie zur Ruhe.

Schritt 2: Kopf-, Nacken- und Ohrmassage

Kopfmassage Sie legen Ihr Kind nun in Rückenlage auf Ihre Beine, die Füße zeigen zu Ihnen. Stellen Sie Ihre Beine etwas auf und heben Sie vorsichtig das Köpfchen etwa eine Handbreit nach oben an. Dann streichen Sie fünfmal mit dem Zeigefinger vom Hinterkopf bis zur großen Fontanelle. Köpfchen wieder ablegen. Dann von der Stirn bis zur Fontanelle streichen. Nun legen Sie die eine Hand in den Nacken, die andere auf die Stirn und streichen fünfmal mit beiden zugleich zur Mitte hin aus. Das Gleiche nun zu den Seiten, zuerst abwechselnd, dann gleichzeitig von den Ohren bis zur Fontanelle. Anschließend streichen Sie mit dem Zeigefinger von der Fontanelle fünfmal zum Nacken und dann von der Mitte zu den Ohren aus.

Nacken- und Ohrmassage Massieren Sie Ohrrand und Ohrläppchen mit Zeigefinger und Daumen. Dann weiter die Mulde direkt hinter den Ohrläppchen: Massieren Sie mit Zeigefinger und Daumen auf der Stelle kreisend. Zum Schluss den Bereich hinter dem Ohr ausstreichen.

Tipp vom Kinderarzt
Bereits bei der Geburt sind die Zahnanlagen vorhanden. So beginnt das Zahnen schon zu dieser Zeit: Spätestens mit drei Monaten führt das Baby die Hand zum Mund und kaut darauf herum. Der Mund dient dabei auch dem Erkunden und Erforschen, dem »Mündeln«. Bei echten Zahnungsbeschwerden beißt das Kind heftig auf Fingern und Gegenständen herum. Da ein Teil des Gesichtsnervs durch das Ohr geht, fassen sich die Babys häufig ans Ohr, schlagen wütend darauf oder bohren darin herum, bis es sogar bluten kann. Ob solche Ohrsymptome unmittelbar mit dem Zahnen zu tun haben oder Zeichen eines allgemeinen Unwohlseins oder einer Entzündung sind, ist häufig nicht klar. Im Zweifelsfall muss der Kinderarzt ins Ohr schauen.

Halbe Rolle

Viertelrolle

Halbe Rolle

Schritt 3: Viertelrolle

Schaukel- und Rollbewegungen sind sehr wichtig für die Gehirnentwicklung und die Ausbildung des Vestibularsystems. Dieses liegt im Ohr und ist für die Orientierung im Raum und das Gleichgewicht zuständig. Die Bewegungen hat Ihr Kind bereits im Bauch trainiert und auch dann, wenn es getragen und in der Wiege sanft geschaukelt wird. Schritt 3, 4 und 5 bauen aufeinander auf. Sie starten mit der einfachsten Übung, der Viertelrolle. Wenn sich Ihr Baby damit wohlfühlt, können Sie steigern. Die Rollbewegungen enden immer mit einem extrem positiven Erlebnis: Das Baby entfernt sich und – »kuckuck« – sieht seine Mama wieder. Eine Kleinigkeit mit großer Wirkung! Vor allem für schreckhafte und sensible Babys.

Sie sitzen wie bei Schritt 1 und halten nun das Baby im Wiegegriff vor Ihrer Brust. Ihre rechte Hand umgreift von unten die Schulter, Ihre linke Hand die Hüfte. Nun rollen Sie Ihr Baby mit einer Rollbewegung zu sich heran. Den Effekt verstärken können Sie mit Sätzen wie: »Wo ist denn mein Baby? Da ist es!« Dabei am Ohr knabbern oder schnalzen. Lassen Sie Ihrer Fantasie freien Lauf.

Schritt 4: Halbe Rolle

Jetzt wird die Rollbewegung erweitert. Sie halten Ihr Baby wieder von unten an der Schulter und an der Hüfte. Jetzt liegt es aber auf dem Bauch quer auf Ihren Händen und schaut nach unten. Heben Sie es zunächst in dieser Stellung wie beim Aufzugfahren etwas hoch, dann wieder runter. Nun drehen Sie es in einer halben Rolle zu Ihnen, bis das Ohr wieder an Ihrem Mund landet.

Zum Rollen passt der überlieferte Reim »Ri ra rutsch« sehr gut, weil er viele Zischlaute enthält, die bei den meisten Babys gut ankommen, weil sie an die Geräusche in Mamas Bauch erinnern.

Spielereim
Ri ra rutsch.
Wir fahren mit der Kutsch.
Wir fahren mit der Schneckenpost,
die uns keinen Pfennig kost'.
Ri ra rutsch,
wir fahren mit der Kutsch.

Schritt 5: Ganze Rolle

Sind Sie als Kind auch gern mal den Hang runter über eine Wiese gerollt? Ein herrliches Gefühl! Das macht einfach Spaß und gute Laune! Genauso ist es mit dieser Übung der ganzen Rolle, die sich anbietet, wenn Sie und Ihr Baby schon Erfahrung mit der Viertel- und der halben Rolle gesammelt haben.

Ausgangsstellung und Hochrollen   Sie legen das Baby quer in Bauchlage auf Ihre Schienbeine, sodass es nach unten guckt. Dann greifen Sie Hüfte und Schulter der von Ihnen abgewandten Seite und drehen Ihr Baby mehrmals, bis es bei Ihnen angekommen ist.

Zurück zur Ausgangsstellung und Runterrollen   Zurück geht es in der gleichen Weise, wobei Sie nun Hüfte und Schulter der Ihnen zugewandten Seite greifen.

Nackenmassage   Zum Abschluss des Rumkugelns können Sie Ihrem Kind den Nacken und die Schultern massieren. Kneten, Rollen, Streicheln – tun Sie, was Ihnen spontan in den Sinn kommt. Beachten Sie nur, dass Sie nicht direkt auf der Wirbelsäule arbeiten, sondern immer rechts und links daneben. Ein Kuss beendet das aktionsreiche Programm.

> Aus den arabischen Kulturen gibt es einen Trick: Die Mamas binden dem zahnenden Baby ein Tuch fest um den Kopf, sodass der Zahnungsschmerz durch einen Druckausgleich nach oben abfließen kann. Eine schöne Idee. Einfach mal ausprobieren. Nur dabeibleiben sollten Sie natürlich, damit das Tuch nicht über die Augen rutscht.

Ganze Rolle

Ganze Rolle Ausgangsstellung

Nackenmassage

Relax-Zeit für mich: Nacken und Schultern

Ja, wir Eltern schleppen und schleppen. Eine Wohltat bei der oft recht einseitigen Traglast verschafft deswegen ein Schulter-Nacken-Kurzprogramm. Nutzen Sie ein paar Minuten nur für sich und gönnen Sie Ihren Verspannungen eine Auszeit!

Nackenmuskulatur dehnen   Setzen Sie sich aufrecht hin. Greifen Sie mit der rechten Hand über den Kopf zum linken Ohr und dehnen Sie den Nacken. Die linke Schulter zieht bleischwer nach unten. Fünf Atemzüge halten. Dann langsam lösen und zur anderen Seite üben. Dehnen Sie danach das Kinn zur Brust, halten und wieder aufrichten. Drehen Sie den Kopf jetzt sanft zur linken Seite und schauen Sie über Ihre Schulter nach hinten, dann zur Mitte zurück und schließlich zur rechten Seite.

Nackenstrich   Als Vorübung legen Sie die linke Hand über die Stirn, den kleinen Finger auf die rechte Augenbraue. Die rechte Hand legen Sie gegenüber auf die Hinterhaupthöcker am Übergang zur Halswirbelsäule. Massieren Sie im Uhrzeigersinn kreisförmig auf der Stelle. Fünfmal. Dann verschränken Sie die Hände im Nacken. Ziehen Sie die Hände in einer Linie nach vorn, sodass sich Ihre Finger öffnen und am Nacken entlang bis unter Ihr Kinn gleiten. Probieren Sie aus, wie viel Druck Ihnen angenehm ist.

Vitalpunktmassage am Nacken   Legen Sie Daumen und Zeigefinger auf den Haaransatz rechts und links der Wirbelsäule und massieren Sie kreisförmig auf der Stelle. Wiederholen Sie die Massage immer weiter unten, bis Sie im Nacken angekommen sind. Zum Abschluss kräftig mit der flachen Hand vom Hinterhaupt bis zum Nacken hoch und runter ausstreichen.

Trapezmuskel massieren   Legen Sie Ihre Hand auf die Mitte des Trapezmuskels und massieren Sie ihn mit kreisenden, festen Bewegungen. Zum Abschluss entspannen: Hände am Nacken einhängen, die Arme parallel auf die Brust legen und den Kopf nach hinten legen.

Nackenmuskulatur dehnen

Nackenstrich

Vitalpunktmassage

Trapezmuskel massieren

Mobil werden

Wohlfühlrituale
ab dem sechsten Monat

Schritt für Schritt

Im ersten Jahr gibt es acht große Entwicklungsschübe. Je nach Kind und Phase können diese Tage oder Wochen dauern. Oft sind Wachstumsphasen eher schwierig für Eltern und Kind. Dies muss aber nicht zwangsläufig so sein, denn jedes Kind reagiert anders. Manche sind sehr anhänglich, wenn sie einen Entwicklungsschub machen, sie sind dann ruhig, stillbedürftig und schlafen mehr als sonst. Andere wiederum sind eher ungeduldig und zappelig, sie schlafen schlecht. Alle Babys brauchen in diesen speziellen Phasen viel Mama. Denn das ist das Gewohnte, das Verlässliche, das, was sie vom Bauch her kennen und was ihnen die Zuversicht und Kraft gibt, um das Neue zu bewältigen. Wenn der jeweilige Schub überstanden ist, zeigt das Baby plötzlich neue Fertigkeiten – die Strapaze hat sich gelohnt.

Die beste Unterstützung

Es ist meiner Ansicht nach wichtig, sich mit dem Thema Entwicklung zu befassen. Keinesfalls deswegen, um sich selbst noch mehr unter Druck zu setzen und die perfekte Mama oder der perfekte Papa sein zu wollen, damit das Kind eine gute Zukunft hat. Sondern einzig und allein deswegen, weil man sein Baby dann achtsamer und aufmerksamer bestaunen und bewundern kann. Viele denken, dass sie mit spezieller Förderung die Entwicklung gezielt beeinflussen und beschleunigen können. In unserer Gesellschaft gibt es daher schon einen regelrechten Förderwahn, in der kleinste Abweichungen von der Norm bereits als therapiebedürftig eingestuft werden. In der Tat ist es aber so, dass grundlegende Meilensteine erblich und konstitutionell vorgegeben sind und jedes Kind anders ist. Wozu also der ganze Stress?

Immer wieder fragen mich die Eltern in meinen Kursen, was sie tun können, um ihr Baby in seiner Entwicklung zu unterstützen. Ich denke: Die beste Basis liefert das richtige Handling im Alltag. Und das sind oft Kleinigkeiten: So sollten Babys über die Seite hochgenommen und wieder abgelegt werden (siehe Abschnitt »Wohlfühlen im Babyalltag«) und es ist wichtig, schon mit den ganz Kleinen die Bauchlage zu üben.

Warum Bauchlage?

Das Üben der Bauchlage soll nicht als Fördermaßnahme verstanden werden, sondern als Unterstützung für das Kind. In der Bauchlage werden nämlich Nacken- und Rückenmuskulatur gefestigt, was für das allgemeine Wohlbefinden eine wichtige Voraussetzung ist. Ich weiß noch genau, wie schwer es mir fiel mitanzusehen, wie mühevoll meine Kinder versucht haben, gegen die Schwerkraft anzukämpfen und das Köpfchen zu heben. Um Ihrem Liebling die Bauchlage zu versüßen, können Sie interessante Dinge, wie einen Spiegel, den Partner oder das Geschwisterkind ins Spiel bringen. Wenn es Ihrem Baby noch schwerfällt, das Köpfchen zu heben, kann ein untergelegtes gerolltes Handtuch, ein Aktenordner oder der eigene Arm wahre Wunder vollbringen. Auch können dem Baby verschiedene Lagen – auf dem Boden oder quer oder längs auf Mamas Bein – in die Bauchlage helfen.

Wenn Babys mobil werden, tun sie das meist aus eigenem Antrieb. Nie wieder im ganzen Leben nimmt ein Kind so eine rasante Entwicklung wie im ersten Jahr. Was jetzt alles erlernt wird, ist einfach unglaublich. Genießen Sie die Momente und erfreuen Sie sich auch an kleinen Erfolgen. »Wenn Kinder klein sind, schenk ihnen Wurzeln. Wenn sie größer werden, verleih ihnen Flügel«, besagt ein altes Sprichwort. Die Aufgabe der Wohlfühlprogramme »Gut verdauen« und »Einfach schlafen« war es, durch viel Nähe und Zärtlichkeit Wurzeln zu geben. Die Aufgabe der Wohlfühlprogramme in Sachen Mobilität hingegen ist es, Flügel zu verleihen. Das sind im übertragenen Sinne die Freude an der Bewegung und viele zauberhafte, gemeinsame Erlebnisse. Alles andere kommt dann von allein.

Das Rollmops-Programm

In den letzten Jahrzehnten hat sich die Säuglingspflege revolutioniert. Als ich im legendären »Summer of 69« inmitten der Flower-Power-Bewegung zur Welt kam, gab es groteskerweise das klassisch reglementierte Säuglingszimmer auf der Geburtsstation. Auf meinen alten Fotos sieht man mich im Bettchen neben fünfzehn anderen Säuglingen. Mein Besuch durfte mich durch die Fensterscheibe betrachten, wo mich eine Kinderkrankenschwester auf dem Arm hielt. Alle vier Stunden wurde ich zu Mamas Bett gebracht, wo es dann das Fläschchen gab. Damals hielt man die Flaschenmilch für gesünder als die Muttermilch. Stillen war verpönt …

Man könnte sagen, dass unsere westliche Gesellschaft in Sachen Baby mittlerweile zu Natürlichkeit und Ursprünglichkeit zurückgekehrt ist. Doch wir können immer weiter lernen. Denn aus Angst, das zerbrechlich wirkende Baby zu verletzen, werden die Kleinen oft in Watte gepackt und es bilden sich lagebedingte Asymmetrien. In vielen Fällen werden diese zu Unrecht als therapiebedürftige Krankheiten eingestuft, was wiederum für die ohnehin übervorsichtigen Eltern einen »Oh Weia«-Effekt bedeutet. Ein Teufelskreis.

Wichtig ist, dass Sie Ihrem Baby (und sich selbst) Zeit zum »Ankommen« geben. Das kann einige Wochen oder Monate dauern. Lassen Sie sich nicht verunsichern. Durch die Besuche der Hebamme und Vorsorgeuntersuchungen beim Kinderarzt wird alles Kritische abgeklärt. Was Sie aktiv tun können, ist, Ihr Baby viel zu tragen, es täglich ausgiebig zu berühren und zu massieren, die Bauchlage zu üben und es zu bewegen. Und keine Angst: Die kleinen Wesen schaffen es bei der Geburt durch ein Nadelöhr. So empfindlich sind sie also nicht. Durch tägliche Lageveränderungen und Bewegungsspiele lässt sich den meisten Liegeschäden auch vorbeugen oder sie werden dadurch gelindert.

Das Programm »Rollmops« soll die Freude an Bewegung und Aktivität fördern und Mama und Baby dazu verhelfen, sich gegenseitig kennenzulernen und Selbstbewusstsein aufzubauen. Lageveränderungen und Massage verbinden sich hier zu einem ganzheitlichen Sinneserlebnis. Einfach ausprobieren, gemeinsam weiterentwickeln, Vertrauen aufbauen und stolz sein – das ist die Devise.

Handtuch-Wrap

Ausgestrecktes Bein

Überkreuz-Technik

Sandwich-Technik

Exkurs: Die fünf Basis-Drehtechniken

In die Bauchlage zu kommen bedeutet, gegen die Schwerkraft zu arbeiten. Das stellt für einen kleinen Menschen eine große Herausforderung dar. Je nach Charakter gibt es Babys, die sich da durchkämpfen und die voranwollen. Andere fragen sich, ob es das wert ist, und bleiben lieber gemütlich in ihrer Lieblingsstellung auf dem Rücken liegen. Prinzipiell gibt es fünf Techniken, um gegen die Schwerkraft die Drehung zu schaffen. Der Trick ist ganz einfach: Schwung holen oder Hebelwirkung nutzen. Diese Bewegungen sind eine Trainingseinheit für sich. Wichtig ist eine positive Ansprache und dass Sie ganz langsam vorgehen. Viel Spaß!

Handtuch-Wrap Sie legen Ihr Kind mit dem Rücken auf ein großes Badetuch. Die Arme sind frei und das Handtuch liegt unter den Achseln. Heben Sie dann vorsichtig eine Seite an, sodass sich Ihr Baby zur Seite neigt. Dann zur anderen Seite wippen. Immer ein Stückchen weiter, bis, schwupps, die Bauchlage erreicht ist.

Ausgestrecktes Bein Der Klassiker: Die rechte Hand legen Sie an das linke Bein Ihres Babys und versuchen, es zu strecken. Mit der linken Hand führen Sie das rechte Bein nach oben und zur Seite. Am besten geht's, wenn der Arm im 90-Grad-Winkel zum Körper liegt.

Überkreuz-Technik Ihr Baby liegt auf dem Rücken und schaut Sie an. Sie führen rechte Hand und linken Fuß zusammen und geben mit Ihrer Hand einen Bewegungsimpuls zur Seite, dem das Baby langsam folgen kann – es dreht sich über die Seite auf den Bauch.

Sandwich-Technik Die einfachste Variante – und mit Kuscheleffekt. Sie legen eine Hand durch die Beine auf Bauch und Brust. Die andere Hand platzieren Sie dahinter auf dem Rücken. Ihr Baby liegt wie eine Gurke zwischen Ihren beiden Sandwich-Händen. Nun können Sie die Hände hin- und herneigen, sodass das Baby gewiegt wird.

Froschtechnik So geht es am besten wieder zurück wie rechts im Bild: Beinchen beugen und rüber.

Froschtechnik

Schritt 1: Wärmende Hände

Ihr Baby liegt vor Ihnen in Rückenlage. Reiben Sie Ihre Hände warm und legen Sie sie mit Vorankündigung seitlich auf die Hüften. Lassen Sie sie dort einen Moment ruhen. Wiegen Sie sanft den Po. Lassen Sie Ihre Gedanken kommen, aber auch wieder ziehen. Sie können sich später damit beschäftigen. Für die nächsten fünf Minuten sollte Ihre ungeteilte Aufmerksamkeit bei Ihrem Baby liegen.

Schritt 2 und 3: Ran & rüber ins Krokodil

Beine zum Bauch anwinkeln   Umgreifen Sie die Fußgelenke und stützen Sie mit den Fingern Waden und Knie, sodass die Beine einigermaßen parallel sind. Dann führen Sie die Beine zum Oberbauch und drücken die Knie mit mäßigem Druck dagegen. Lockern, Beine zurück zur Unterlage. Fünfmal.

Drehung über die Winkeltechnik   Beim nächsten Anwinkeln drehen Sie die Knie zu Ihrer rechten Seite und legen sie kurz auf der Unterlage ab – Beine im rechten Winkel. Fünfmal. Dann geben Sie auf das obere Beinchen einen Impuls zur Seite, sodass das Baby sich über die Seite auf den Bauch dreht. Um das zu feiern, kann es die Rückenmassage von der nächsten Doppelseite geben, bevor Sie das Baby zurück auf den Rücken drehen. Dann die gleichen Schritte zur anderen Seite.

Diagonales Ausstreichen – Krokodil   Sie bringen erneut die Knie zum Bauch und legen sie zur Seite ab. Halten Sie die Knie mit Ihrer linken Hand auf der Unterlage, Unterschenkel im rechten Winkel. Mit Ihrer rechten Hand streichen Sie den gegenüberliegenden Arm von der Schulter bis zur Hand aus. Versuchen Sie dabei, Ihr Baby so anzuschauen, dass es den Kopf zu Ihnen dreht und sich damit von seinen Knien abwendet. Diese Haltung wird im Yoga »Krokodil« genannt. Sie wirkt entspannend auf die gesamte Rückenpartie, vor allem auf den unteren Rücken und das Kreuzbein. Sie harmonisiert und kann dabei helfen, blockierte Energien zum Fließen zu bringen. Auch für Erwachsene super!

Wärmende Hände

Beine zum Bauch anwinkeln – »ran«

Drehung über die Winkeltechnik

Diagonal ausstreichen – Krokodil

Kringelmassage

Pobacken lockern

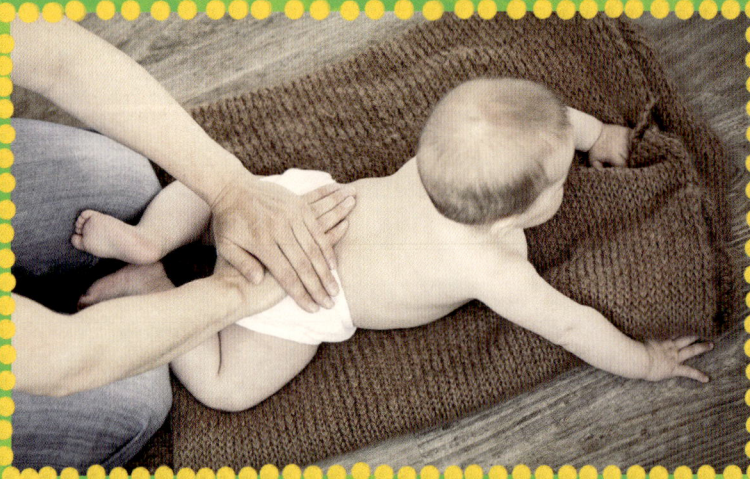

Gewichtsverlagerung mit Akupressur

Schritt 4: Massage mal anders

Je agiler Ihr Baby wird und je mehr es sich mit dem Drehen beschäftigt, desto schwieriger wird eine längere Ganzkörpermassage. Art und Länge muss sich an die neuen Gegebenheiten anpassen, oft sind jetzt Teilmassagen gefragt. Und noch mehr Einsatz Ihrerseits: Sie müssen die Aufmerksamkeit auf sich lenken. Ob es lustige Reime, Lieder oder einfach nur motivierende Worte sind, seien Sie kreativ und lassen Sie Ihrer Fantasie freien Lauf. Viele Babys empfinden die Rückenmassage weiterhin als sehr angenehm, es erinnert sie einfach an das sichere Gefühl im Bauch. Wenn die Kleinen die Bauchlage und das Drehen üben, ist oft die Muskulatur im Rücken und Nacken angespannt. Eine Rückenmassage hilft auch hier.

Kringelmassage   Sie legen einen Tennis- oder Igelball auf die Schulter Ihres Babys und lassen ihn seitlich der Wirbelsäule in spiralförmigen Kringeln nach unten kreisen, bis Sie beim Po angekommen sind, dann zurück. Als Alternative zum Ball eignen sich Ihre Finger. Sie spreizen Daumen und Zeigefinger und legen diese in den Nacken, um sie dann in einer Spirale mit nach innen gerichteten Kreisen (Daumen und Zeigefinger bewegen sich aufeinander zu) nach unten gleiten zu lassen. Dasselbe auf der anderen Seite.

Pobacken lockern   Je mobiler Babys werden, desto mehr häufen sich die Plumpse auf das Popöchen. Zum Glück polstert da meist noch die Windel … Der Po wird oft vernachlässigt, aber eine Pomassage kann ungemein entspannend sein. Entweder kneten Sie die Pomuskulatur mit leicht gespreizten Fingern sanft durch. Oder Sie lassen Ihre Fingerkuppen leicht wie Regentropfen auf die Haut klopfen. Zum Schluss sanft ausstreichen und der Haut ein Luftbad gönnen.

Gewichtsverlagerung mit Akupressur   Legen Sie Ihre warmen Hände seitlich der Hüften auf und wiegen Sie den Po sanft hin und her, wie ein Schiff auf dem Meer. Dann legen Sie Ihre Hände übereinander auf das Kreuzbein und ziehen sie in Ihre Richtung, mit leichtem Druck zur Unterlage. So stimulieren Sie wichtige Energiepunkte, die für Entspannung und Wohlbefinden sorgen. Fünfmal beide Techniken.

Schritt 5: Superman, Frosch und Schmetterling

Den Abschluss bildet eine erneute Lageveränderung: Sie setzen sich in den Langsitz und lehnen sich an. Ein Kissen unter dem Po macht es gemütlicher. Das Baby legen Sie sich quer über die Oberschenkel, sodass der Blick nach unten geht.

Superman   Sie legen beide Hände auf der von Ihnen abgewandten Seite nebeneinander. Die eine Hand streicht nun nach außen zur Hand, die andere nach außen zum Fuß. Hand und Fuß werden umfasst und sanft voneinander wegbewegt, sodass sich die Seite schön dehnen und öffnen kann.

Kleiner Frosch   Als Gegenbewegung bringen Sie nun Ellenbogen und Knie aneinander, sodass es aussieht wie ein Frosch. Die Abfolge fünfmal üben.

Schmetterling   Als letzte Technik in dieser Übungssequenz nehmen wir noch einmal die Schmetterlingsposition aus dem Baby-Yoga, die wir von der Hüftöffnung schon kennen (Abschnitt »Sicherer Halt«). Mit der einen Hand die Fußsohlen zusammenhalten, in Richtung Po führen und andrücken. Die andere bleibt als Gegenpol am Kreuzbein liegen. Langsam auflösen. Fünfmal üben.

Tipp vom Kinderarzt

Der Kampf gegen die Schwerkraft fängt schon bei den Versuchen an, das Köpfchen zu heben. Das kann auch das Neugeborene in Bauchlage schon kurzzeitig. Und diese Lage ist auch sehr wichtig. Liegt das Kind nur auf dem Rücken, bilden sich nicht selten Liegeschäden aus: Unter anderem flacht sich das Köpfchen an den Aufliegestellen ab. Ein häufiger Wechsel der Blickrichtung ist daher die beste Vorbeugung gegen »Lieblingsseiten«, Vorzugshaltungen, die sich oft unbemerkt einschleichen. Auch nach einer unsanften Geburt können sich Zwangshaltungen des Köpfchens und des kindlichen Körpers ergeben. Eine Anleitung zum »handling« ist daher sehr wichtig. Inwieweit wirkliche Blockaden eine Rolle spielen, ist strittig, ebenso der Stellenwert einer osteopathischen Behandlung. Sie ist dann sinnvoll, wenn sie neben der »Be-Handlung« auch Elemente der allgemeinen Bewegungsförderung vermittelt.

Superman

Kleiner Frosch

Schmetterling

Es ist nicht fad bei 90 Grad!

Es ist Donnerstag und ich befinde mich als Kursleiterin mit acht Babys und acht Mamas in einem meiner Wellkin-Kurse für die ganz Kleinen. Mir fällt auf, dass eine Mutter das Nachbarbaby sehr aufmerksam betrachtet und ihr Blick wieder kritisch zu ihrem eigenen geht. Als wir unsere allgemeine Statusrunde »Wie geht es« machen, bricht es plötzlich aus ihr heraus. Leonie sei jetzt schon acht Monate alt und macht überhaupt keine Anstalten, sich zu drehen oder sich überhaupt groß zu bewegen. Verschiedene Therapien hätten bisher genauso wenig gebracht wie das Beherzigen von allerlei Fördertipps. Ich schau zu Leonie – und sehe ein glückliches Baby, das zufrieden an einem Spielzeug lutscht. Als ich sie anblicke, lächelt sie mir entgegen und ich denke mir: Wow, was für ein süßes Kind! Warum müssen wir Eltern solchen Druck machen? Unnötig! Jedes Kind hat sein eigenes Tempo oder wie man in Sambia so schön sagt: »Das Gras wächst nicht schneller, wenn man daran zieht.«

Eigentlich wollte ich beim Thema Mobilität eine Übersicht über die motorischen Meilensteine der Entwicklung zeigen. Aber ich habe mich dagegen entschieden, weil dieses Buch dazu verhelfen soll, den eigenen Weg zu finden und ihn selbstbewusst zu gehen. Es soll Trost spenden in einer schnelllebigen und leistungsorientierten Gesellschaft, in der man zu jeder Zeit und überall alle Informationen finden und Vergleiche aufstellen kann.

Der derzeit vorherrschende Förderwahn ist eigentlich so unnötig wie Schmuck am Nachthemd. Jedes Kind hat sein eigenes Tempo und seine Vorlieben. Das ist doch auch das Schöne. Wir sind keine Maschinen, sondern Menschen. Der eine interessiert sich für klassische Musik, der andere liebt es »hardrockig«. Und auch bei den Kleinen ist es so. Die einen sind die still-konzentrierten »Gucker-Babys«, die anderen die lauten und aktiven »Macher«. Beide kommen zum Ziel ihrer Erforschungen, nur die Wege sind unterschiedlich. Und das macht das Leben bunt.

Bei diesem Programm geht es um das Sitzen, also vorrangig um den 90-Grad-Winkel. Die Bewegungsspiele sollen Ihrem Kind ermöglichen, seinen Körper und die unendlichen Möglichkeiten im Sitzen zu entdecken, und Ihnen wiederum dazu verhelfen, Ihr Kind kennenzulernen. Für Sie beide sollen magische Momente, kleine Wohlfühlpausen und entspanntes Lachen entstehen.

Beine nach oben strecken

Beine rollen

»Füße essen«

Hand zeigen

Schritt 1: Wärmende Hände

Um Ihr Baby auf das Wohlfühlritual »Take a seat« vorzubereiten und es dafür zu begeistern, ist es wichtig, dass Sie ihm erzählen, was Sie vorhaben. Nehmen Sie sich die Zeit, voll und ganz bei Ihrem Kind zu sein. Setzen Sie sich für den Einstieg auf die Knie und nehmen Sie Ihr Baby auf den Schoß oder zwischen Ihre Beine. Legen Sie die Arme Ihres Kindes auf die Ihren und führen Sie seine Fußsohlen zusammen. Küssen und liebkosen Sie das Köpfchen oder pusten Sie sanft über die Haare. Dann kann es losgehen.

Schritt 2: Happy Workout

Ihr Baby ist schön an Ihren Oberkörper gekuschelt und Sie machen verschiedene Bewegungen, die Ihnen in den Sinn kommen. Lehnen Sie sich dabei etwas nach vorn, damit Sie den Rücken Ihres Kindes gut stützen können. Hier eine kleine Auswahl an Bewegungsideen zur Inspiration. Sie können dabei auch mit den Texten variieren und immer das sagen, was Sie gerade mit Ihrem Baby tun.

- Beine nach oben strecken (stretch your legs)
- Beine rollen (roll your legs)
- Füße essen (eat your feet)
- Hand zeigen (show your hand)

Die Beine könnten auch gekreuzt werden oder Sie klatschen die Fußsohlen oder Hände aneinander (clap your feet or hands). Viele Babys finden es lustig, wenn man Fuß und Hand diagonal zusammenführt und klatscht (clap your hand and feet).

If you're happy and you know it

Quelle unbekannt

1. If you're hap-py and you know it, clap your hands. If you're hap-py and you know it, clap your hands. If you're hap-py and you know it, then you real-ly want to show it. If you're hap-py and you know it, clap your hands.

Schritt 3: Schaukeln im Schmetterling

Diese Übung basiert auf der Yoga-Haltung Schmetterling (siehe Abschnitt »Sicherer Halt«). Mit ein paar passenden Zischgeräuschen, wie »Hui« oder »Tschschuh«, wird Ihr Baby sicher noch mehr Spaß daran finden.

Schmetterlingsschaukel im Sitzen   Sie sitzen auf Ihren Knien und haben Ihr Baby auf dem Schoß. Ihr Oberkörper ist leicht nach vorn gebeugt, sodass sich Ihr Kind gemütlich an Sie lehnen kann. Greifen Sie ihm unter die Arme und führen Sie die Fußsohlen zusammen – der Schmetterling. Stellen Sie sich vor, Sie wären zusammen in einer Schiffschaukel. Es geht hin und her. Das Ganze lässt sich genauso im Kniestand machen. Am Ende das Kind absetzen und den Griff behutsam auflösen.

Schmetterlingsschaukel im Stehen   Wenn Ihr Baby am Schmetterling Gefallen gefunden hat, können Sie diese Variante ausprobieren: Ihr Kind sitzt vor Ihnen und blickt in die gleiche Richtung wie Sie. Beugen Sie Ihre Knie und gleiten Sie mit den Händen unter die Achseln des Kindes, sodass die Arme auf Ihren liegen. Dann umgreifen Sie die Fußgelenke und bringen die Fußsohlen aneinander, der Schmetterling. Bei der nächsten Einatmung richten Sie sich auf, heben Ihr Baby hoch und legen den Rücken auf den Bereich zwischen Schambein und Bauchnabel an. Jetzt können Sie es hin- und herschaukeln.

Dazu passt ein Reim. Sie fangen langsam an und werden immer schneller und kürzer in den Bewegungen.

Reim
Große Uhren machen Tick-Tack, Tick-Tack.
Kleine Uhren machen ticke-tacke, ticke-tacke.
Und die ganz kleinen Taschenuhren
ticke-tacke-ticke-tacke-ticke-tacke.

Schmetterlingsschaukel im Sitzen

Schmetterlingsschaukel im Stehen

Ausgangsstellung

Schotter fahren und Camel Walk

Nacken und Rücken massieren

Schritt 4: Schotter fahren

Nach dem Schaukeln wird es jetzt wieder ruhiger, zumindest ein bisschen. Wir experimentieren mit der spannenden schiefen Ebene.

Ausgangsstellung Sie sitzen mit ausgestreckten Beinen auf dem Boden. Der Rücken ist frei beweglich. Das Kind sitzt auf Ihrem Schoß. Die Kleinen genießen es, nah angelehnt zu sein. Die Großen lieben es weiter vorn auf den Oberschenkeln.

Schotter fahren und Camel Walk Ihre Beine gehen zuerst parallel hoch und wieder runter. Passend zum Rhythmus des Kniereiters »Schotterfahren«. Dann bewegen sich Ihre Knie abwechselnd hoch und runter, denn jetzt kommen die kleinen Steine. Bei den großen Steinen bewegen Sie Ihre Beine wieder parallel nach oben, diesmal natürlich schneller, damit es ordentlich holpert. Es geht den Berg runter und wieder hoch, indem Sie sich samt Baby nach hinten beugen und wieder hochgehen. In den Kurven quietscht es ein bisschen, Sie beugen sich zu den Seiten. Beim Abladen drehen Sie Ihr Baby über die Seite auf den Boden. Sehr gut für Ihren Beckenboden ist, wenn Sie durch das Hin-und-Her-Bewegen der Hüfte mit dem Po nach vorn wandern und wieder zurück: »Camel Walk«.

Kniereiter: Schotterfahren
Einsteigen, Türen schließen, anschnallen und los geht's.
Schotterfahren, Schotterfahren, mit dem alten Schotterwagen.
Erst kommen die kleinen Steine.
Dann die großen, die so stoßen.
Dann geht's den Berg nach unten
und schnell wieder hoch.
Wir fahren eine Kurve nach rechts
und eine nach links
und dann wird abgeladen.

Nacken und Rücken massieren Zum Abschluss dieser Sequenz lockern Sie die Muskulatur in Rücken und Nacken Ihres Babys durch Kneten oder Kreisen.

Schritt 5: Hochsprung

Diese Übung geht über die 90 Grad, das Sitzen, hinaus. Streng genommen sind es 180 Grad, denn Ihr Kind darf jetzt in einem Halbkreis die Welt von oben bewundern. Entdeckt habe ich die Übung im Buch »Knuddel-Fit« von Tina Schütze (auch bei Kösel). Sie macht Müttern immer viel Spaß und stärkt ganz nebenbei den Schulter- und Nackenbereich, der bei der Tragerei oft in Mitleidenschaft gezogen wird.

Ausgangsstellung   Sie setzen sich auf den Teppich oder eine Matte, Beine sind leicht angewinkelt oder gestreckt, Rücken frei beweglich und nicht angelehnt. Sie halten Ihr Baby unter den Armen seitlich neben sich, sodass seine Zehen auf Ihre Hüfte gerichtet sind.

Hoch hinauf   Damit Ihr Kind sich drauf einstellen und sich schon freuen kann, können Sie von zehn bis eins zählen, als wäre es ein Raketenstart. Bei eins angekommen erfolgt ein »Hui« oder »Los geht's!«. Und nun drehen Sie das Baby nach oben und verweilen einen kleinen Moment dort. Über Ihrem Kopf können Sie kleine Hebe- und Senkbewegungen machen, bevor Sie es auf der anderen Seite wieder absetzen. Von hier neu starten. Fünfmal. Mindestens.

Tipp vom Kinderarzt

Babys wollen gern zuschauen. Das geht in der Rückenlage nicht so gut und so ist das Kind schnell unglücklich – denn keiner lässt sich gern »aufs Kreuz legen«. Auch in der Bauchlage ist es ganz schön mühsam für Rücken und Nacken. Auf kurz oder lang will das Baby also sitzen. Darf es das denn, wenn es noch gar nicht frei sitzen kann? Oder ist das für die Wirbelsäule, die ja noch gerundet ist, schlecht? Sehr lange soll ein Baby nicht aufrecht hingesetzt werden, aber kurzzeitig, etwa zum Füttern auf dem Schoß oder auch im Kinderwagen ist das schon recht früh möglich. Vor allem, wenn das Kind mit der Bauchlage und dem Armstütz gut zurechtkommt. Ist das nicht der Fall, kann es sein, dass es Robben und Krabbeln ganz auslässt – weil das Sitzen und Stehen ja so viel toller ist. Um die Wirbelsäule muss man sich nicht sorgen, auch nicht in den einzelnen Tragehilfen, in denen das Kind zumeist auch aufrecht sitzt.

Ausgangsstellung

Hoch hinauf

Ausstrecken

Vorbeuge

Rudern 1

Rudern 2

Fitnesszeit für mich: Vorbeuge & Rudern

Die Vorbeuge geht auch prima als Partnerübung. Die Mütter in meinen Kursen setzen sich gegenüber und halten die Fußsohlen aneinander. Die Babys sitzen dazwischen.

Ausstrecken und Vorbeuge Sie sitzen aufrecht mit leicht gegrätschten Beinen und zum Körper angezogenen Zehen. Lockern Sie zuerst Ihre Schultern, indem Sie Ihre Hände darauflegen, die Ellenbogen nach vorn und hinten kreisen. Bei der nächsten Einatmung richten Sie sich auf und strecken die Arme weit nach oben. Genießen Sie die Dehnung, werden Sie ganz lang. Beim nächsten Ausatmen beugen Sie sich nach vorn. Wenn Ihr Baby zwischen Ihren Beinen sitzt, macht es automatisch die Beugebewegung mit. Lassen Sie die Beugung aus der Hüfte kommen, nicht aus dem Rücken: zuerst den Bauch in Richtung Oberschenkel ziehen, dann die Brust Richtung Schienbeine. Diese Stellung regt die Verdauung an, dehnt die Beinmuskulatur und hält die Wirbelsäule elastisch.

Rudern Legen Sie Ihr Baby vor sich auf den Rücken zwischen Ihre geöffneten Beine, sodass es Sie anschauen kann. Sie sollten seine Hände in einer Vorwärtsbeuge gerade noch greifen können. Bei der nächsten Ausatmung beugen Sie sich nach vorn und greifen die Handgelenke des Babys. Bei der nächsten Einatmung geben Sie mit Ihren Händen einen Impuls, damit sich das Baby aufrichtet. Sie bringen sich wieder in die 90-Grad-Sitzposition und ziehen das Baby mit. Jetzt können Sie mit ihm leicht vor- und zurückschaukeln, wie beim Rudern.

Row, row, row your Boat   Amerikanisches KInderlied, 1852

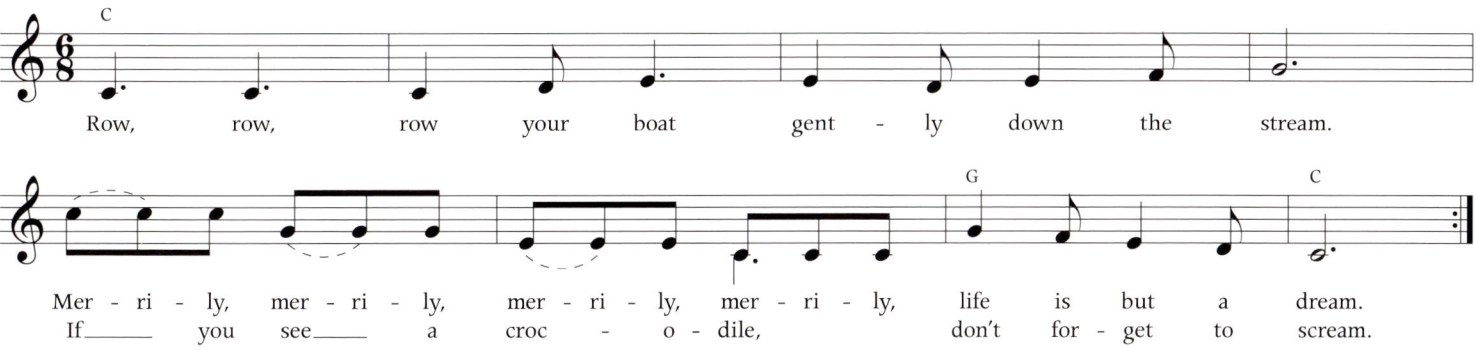

Row, row, row your boat gent-ly down the stream.

Mer-ri-ly, mer-ri-ly, mer-ri-ly, mer-ri-ly, life is but a dream.
If you see a croc-o-dile, don't for-get to scream.

Mein kleiner Cowboy, mein kleines Cowgirl

»Schaukeln macht schlau«, habe ich in einer Zeitschrift gelesen. In der Tat ist da was dran. So bewies eine 2014 vom hessischen Landesministerium in Auftrag gegebene Studie mit dem Namen »Schnecke. Bildung braucht Gesundheit«, dass ein guter Gleichgewichtssinn die schulische Leistungsfähigkeit verbessert. Nur ein Teil des Gleichgewichts ist genetisch bedingt. Der größte Teil ist reines Training. Bei älteren Menschen, die sich weniger bewegen, gehen Gleichgewichtssinn und damit geistige Flexibilität zurück. Die Devise unserer 90-jährigen und topfitten Uroma Else, die täglich mit dem Rollator ihre Runden zieht, besagt: Wer rastet, rostet.

Die Freude an der Bewegung wurde uns in die Wiege gelegt. Das Gleichgewichtsorgan bildet sich bereits in der siebten Schwangerschaftswoche aus. Mit seinen verschnörkelten Kanälen und mit Flüssigkeit gefüllten Bogengängen hat es seinen Sitz in den Innenohren. Wenn sich eine Schwangere bewegt oder das Baby sich selbst im Uterus hin und her bewegt, wird es in Wallung gebracht und stimuliert.

Nach der Meinung von Experten sollten Säuglinge viele Bewegungsanreize in Form von Tragen, Schaukeln oder Wiegen erhalten. Wenn man das Baby häufig auf eine andere Weise ablegt oder auch mal frei im Raum hält, kann es lernen, sich zu orientieren. Bei älteren Kindern gelten Umkehrhaltungen, Kniereiter oder Hand-Auge-Koordinationsspiele als Nahrung fürs Gehirn. Übrigens: Kinder nehmen sich die Anreize selbst, indem sie spielerisch Schaukelbewegungen machen, zur Musik hüpfen, toben und springen. Man muss sie nur lassen und den Rahmen dafür bieten. Wenn Sie es schaffen, Ihrem Kind Freude, Gelegenheit und Selbstverständlichkeit in Sachen Bewegung zu vermitteln, haben Sie viel gewonnen.

»Cowboy & Cowgirl« liefert Bewegungen, die eine gesunde Entwicklung unterstützen und bärenstark machen. Sie sollen helfen, die Wirbelsäule aufzurichten, das Nervensystem zu stimulieren und vieles mehr. Aber hauptsächlich und eigentlich geht es um den Spaß und die Kuschelmomente, die man dabei erlebt. Das Programm arbeitet mit bewährten Bewegungsspielen aus der guten alten Zeit, in denen die Bewegung im Raum trainiert wird (hoch, runter, vorwärts, zurück). Ein wichtiger Bestandteil sind außerdem Umkehrhaltungen, die Ihr Baby kopfüber ins Vergnügen stürzen und die Durchblutung im Gehirn fördern. Viel Freude damit!

Schritt 1: Wärmende Hände mit Knuddelerdung

Als ich nach meiner Baby-Yoga-Ausbildung anfing, Umkehrhaltungen und Rollbewegungen zu unterrichten, wurde mir bewusst, wie unterschiedlich Männer und Frauen mit diesem Thema umgehen. Viele Männer wirbeln ihre Kinder durch die Luft, ohne sich dabei Gedanken zu machen. Die meisten Mütter sind hingegen vorsichtig und trauen sich kaum an solche Dinge heran. Wenn wir dann solche Übungen in der Gruppe machen, ist es immer die gleiche Reaktion: Ach, das ging ja doch einfach! Man muss sich immer vor Augen halten, dass die Babys in Mamas Bauch auch oft mit dem Kopf nach unten gelegen haben, sogar über längere Zeit. Es ist also nichts Unbekanntes. Tasten Sie sich heran, vielleicht zuerst noch das Rollen aus dem Abschnitt »Mit Ablenkung zu neuem Schwung« – zum Üben.

Und nun die Knuddelerdung: Halten Sie Ihr Baby an sich geschmiegt auf dem Schoß und machen Sie ihm Lust auf ein paar Bewegungsspiele. Beschreiben Sie genau, was Sie vorhaben, und legen Sie dabei beruhigend die Hände auf seinen Körper. Kommen Sie zur Ruhe und versuchen Sie, ganz bei Ihrem Kind zu sein. Atmen Sie ruhig in den Bauch. Mindestens fünf tiefe Atemzüge. Dann kann es losgehen.

Schritt 2: Astronaut

Ausgangsstellung für den Raketenstart ins All Setzen Sie sich mit ausgestreckten Beinen hin, vielleicht auf ein Kissen und an eine Couch gelehnt. Es sollte Sie nichts stören oder einengen. Legen Sie Ihr Baby mit dem Rücken auf Ihre Beine, sodass es Sie anschaut. Umgreifen Sie die Hüfte.

Aufwärtsdrehen Bei der nächsten Einatmung heben Sie Ihr Baby über Kopf. Der Blick des Kindes ist jetzt von Ihnen abgewandt. Ziehen Sie den kleinen Körper dicht an sich heran.

Zurückkommen Stellen Sie die Knie auf und legen Sie Ihr Kind dann bei der nächsten Ausatmung auf die Schienbeine in Bauchlage wieder ab. Der Blick des Babys richtet sich jetzt auf Sie. Der Brustkorb liegt auf den Knien, der Kopf oberhalb davon. Trauen Sie sich, es lohnt sich! Haben Sie Spaß miteinander!

Knuddelerdung

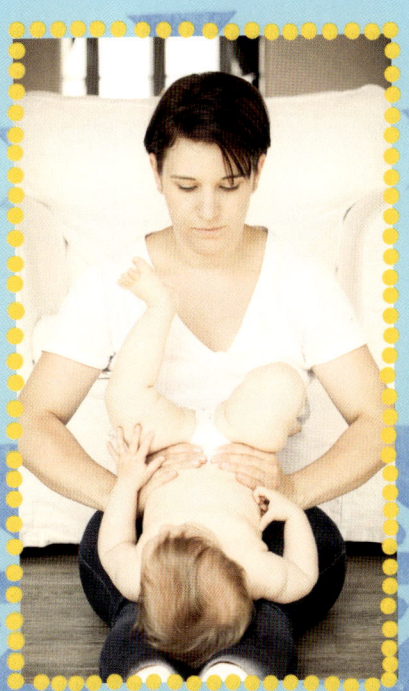

Ausgangsstellung Astronaut

Aufwärtsdrehen

Zurückkommen

Cowboy 1

Cowboy 2

Schritt 3: Cowboy oder Cowgirl

Jetzt folgt ein Kniereiter-Spiel, das viel Spaß macht und auf das Kind und die aktuelle Laune angepasst werden kann. Sie nehmen Ihr Baby einfach auf den Schoß und es kann losgehen. Zum Start können Sie es so auf Ihre Beine setzen, dass es Sie anschaut. Das vermittelt Sicherheit. Dann kann nur ein Bein genommen werden: Das ist holpriger, die Bewegungen können größer werden. Und zum Schluss setzen Sie Ihr Kind von Ihnen abgewandt auf Ihre Beine. Das Ganze geht auch sehr gut mit dem Klassiker »Hoppe, hoppe, Reiter«. Oder mit dem Cowboy-Lied.

2. Ich kenne einen Cowboy,
   der Cowboy, der heißt Bill
   und wenn der Cowboy Lasso wirft,
   dann steht mein Herze still.
   Und so geht das Lasso,
   das Lasso, das geht so,
   und so geht das Lasso,
   das Lasso, das geht so.

3. … und wenn der Cowboy trinken will,
   dann steht mein Herze still.
   Und so trinkt der Cowboy …

4. … und wenn der Cowboy schlafen will,
   dann steht mein Herze still.
   Und so schläft der Cowboy …

Schritt 4: Mini-Handstand

Diese Übungen basieren auf der Yoga-Übung herabschauender Hund. Sie stärken die Arme und den unteren Rücken, eine wichtige Grundlage für das Krabbeln. Es sind energievolle Übungen, die Blutzirkulation und Atmung verbessern.

Als Einstieg können Sie sich erst mal mit der schiefen Ebene vertraut machen. Setzen Sie sich in den Langsitz mit ausgestreckten Beinen, Ihr Baby in Bauchlage quer über Ihren Oberschenkeln. Halten Sie es seitlich an der Hüfte. Dann stellen Sie ein Bein ganz langsam auf, sodass sich Ihr Baby nach vorn neigt und sich auf den Händen abstützt. Wieder zurück und erneut probieren. Auch auf der anderen Seite.

Dann geht es zum Mini-Handstand: Setzen Sie sich in den Fersensitz. Legen Sie bei den ersten Malen zu Ihrer eigenen Beruhigung ein Kissen unter den Kopf Ihres Kindes oder üben Sie auf einem dicken Teppich. Heben Sie Ihr Kind ganz langsam an den Hüften an und warten Sie, bis es sich aufstützt, dann können Sie höher gehen. Wieder senken und fünfmal wiederholen. Loben nicht vergessen!

Schritt 5: Schubkarren

Jetzt legen Sie das Baby in Bauchlage mit abgewendetem Blick und gegrätschten Beinen auf Ihre Oberschenkel. Dann heben Sie die Hüfte nach oben, sodass Ihr Baby sich aufstützt. Wenn Sie etwas geübt sind, können Sie einen Schritt weitergehen und sich im Knien aufrichten, sodass Sie mit Ihrem Baby Schubkarren fahren können.

Tipp vom Kinderarzt

Nicht jedes Kind lernt krabbeln. Etwa ein Drittel aller Kinder krabbelt gar nicht. Die Befürchtung, ein wichtiger Entwicklungsschritt würde so ausgelassen und das würde sich nachhaltig ungünstig auswirken, ist unbegründet. Warum nicht gekrabbelt wird? Viele Säuglinge werden aus Angst der Eltern zu selten auf den Bauch gelegt und bekommen so nicht die Möglichkeit, sich in den Armstütz zu begeben, den Po hochzuschieben und dann loszurobben. Auch lassen sich Rückenlage-Babys lieber gleich von Mama oder Papa zum Sitzen hochziehen, das ist nicht so anstrengend.

Mini-Handstand

Schubkarren

Wer hat alles mitgewirkt?

Kristina Möller und Anna Lysikow
mit einer Sansula

Wie bei einem Musikinstrument, das nur gut klingt, wenn alle Saiten aufeinander abgestimmt sind und miteinander harmonieren, ist dieses Buch das Resultat eines hervorragenden Teamworks. Ganz herzlich bedanken möchte ich mich beim Verlag, speziell bei der Projektleiterin Silke Foos und der Lektorin Diane Zilliges, für das mir entgegengebrachte Vertrauen, die perfekte Unterstützung und den Freiraum zur Verwirklichung meiner Ideen. Größter Dank gebührt den Babys und Müttern für die Fotos im Buch: Sie machen die Übungsschritte gut verständlich, zeigen die Gefühlswelt, die zum Üben gehört, und verdeutlichen, wie wertvoll und schön die erste Zeit mit dem Baby sein kann. Danke an Cynthia Haas mit Sohn Liam, Lisa Löber mit Tochter Johanna, Corinna Schildwächter mit Sohn Miro, Katja Teppe mit Sohn Theobald und Elena Schmidt mit Tochter Luise.

Ein besonderer Dank geht an Dr. med. Stephan Heinrich Nolte für die Tipps aus der Kinderarztpraxis, das Vorwort und die wertvollen Ideen, die er mir zusätzlich gab. Selbst Vater von fünf erwachsenen Kindern und Großvater von fünf Enkelkindern verfolgt er in seiner Arztpraxis das Konzept der empathischen Betreuung und Begleitung statt des therapeutischen Aktionismus. Neben vielen Auslandsaufenthalten im Rahmen von Hilfseinsätzen in Afrika und Asien konnte er sich im Bereich der Homöopathie weiterbilden.

Die Fotos sind entstanden im Atelier der Fotografin Anna Lysikow in der Künstlerkolonie Willingshausen. Wie sie selbst über sich sagt, »fotografiere ich besonders gern die Kleinsten, weil sie natürlich, ehrlich und vielseitig sind«.

Die Illustrationen stammen aus dem Pinsel und der Feder von Kristina Möller aus Berlin. Über sich selbst schreibt sie: »Ich habe als Kind schon leidenschaftlich gern gemalt, gestempelt, geklebt und überhaupt gern mit Papier, Schere und Stift imaginäre Welten erschaffen. Als Mutter von drei Söhnen war es mir umso mehr eine Freude, an einem Eltern-Kind-Ratgeber kreativ mitzuwirken.«

Für die Lieder und Noten darf ich mich bei Ulla Keller bedanken. Sie ist ausgebildete Sängerin, Stimmtrainerin und Chorleiterin in Marburg. Zum Projekt sagt sie: »Aus vielerlei Gründen brauchen die jungen Mütter heute Unterstützung, um sich zu trauen, mit und für ihre Babys zu singen. Wichtig ist dabei die passende

Stimmlage. Daher haben wir sorgfältig Tonhöhen gesucht, die gut zur Frauenstimme passen und außerdem leicht mit der Gitarre zu begleiten sind.«

Bedanken möchte ich mich außerdem bei den vielen Menschen, die das Manuskript durchgearbeitet und mich inspiriert haben: insbesondere Margit Hartung, Dr. med. Stefanie Grote, Doris Reiners und Lisa Uhlig, Björn Borchers, Lars Happel & Team vom Gesundheitszentrum Marburg.

Ich danke der Firma Hokema, die in ihrem Familienbetrieb die Sansula herstellt, ein zauberhaftes Musikinstrument, das nicht nur die Babys beim Fotografieren begeistert hat, sondern auch in meinen Kursen immer gut ankommt. Und ich danke Regina Meutner vom »Friseurleben« (www.meutner.de), die uns beim Shooting als Stylistin unterstützte.

Weitere Informationen, Hinweise zu Büchern und Adressen finden Sie auf meiner Website: www.wellkin.de.

Dieses Buch widme ich meinen beiden Kindern und meinem Mann Sven.

Ich liebe dich. Janne Lou.

Ich liebe dich. Lasse-Bo.

MIX
Papier aus verantwortungsvollen Quellen
FSC® C011124
FSC
www.fsc.org

Verlagsgruppe Random House FSC® N001967

Copyright © 2016 Kösel-Verlag, München,
in der Verlagsgruppe Random House GmbH,
Neumarkter Str. 28, 81673 München
Umschlag: Weiss Werkstatt, München
Umschlagmotiv: Anna Lysikow; shutterstock/Katya_Branch
Bild-Nr. 238356094
Ärztliche Beratung: Dr. med Stephan Heinrich Nolte
Illustrationen: Kristina Möller, Berlin
Fotos: Anna Lysikow, www.al-atelier.de
Notensatz: Susanne Höppner, Neukloster
Lektorat: Diane Zilliges
Gestaltung und Satz: Nadine Clemens, München
Druck und Bindung: Mohn Media GmbH, Gütersloh
Printed in Germany
ISBN 978-3-466-34606-6
www.koesel.de

Dieses Buch ist auch als E-Book erhältlich.